Mille et une graines

Jody Vassallo

Photographies de Deirdre Rooney

Mille et unes graines

MARABOUT

Introduction

Voilà dix ans que j'ai envie d'écrire un livre sur les pousses, les germes, les céréales et les légumes secs car je n'ai jamais compris pourquoi ceux que je considère comme les « géants du royaume alimentaire » sont ignorés par la société occidentale depuis si longtemps. Il suffit de faire un tour d'horizon des aliments de base consommés sur terre depuis la nuit des temps pour s'apercevoir que les céréales et les légumes secs sont des éléments nutritifs majeurs dans l'alimentation de millions d'individus. En Asie, on mange du riz, des germes et des haricots de soja. En Afrique du Nord, on cuisine le couscous et, au Moyen-Orient, les pois chiches et le boulgour n'ont de secret pour personne. Et pourtant, quand on regarde nos recettes de tous les jours, on s'aperçoit que l'usage de ces aliments de base est limité. Nous connaissons tous le chili con carne, le risotto et le bœuf à la sauce aux haricots noirs, mais, comme vous allez le découvrir dans ce livre, ces « maîtres du monde nutritionnel » se prêtent à bien d'autres recettes.

Quelques explications sur les pousses, les germes, les céréales et les légumes secs s'imposent. Les céréales sont des graines comestibles provenant de diverses graminées. Classés sous l'appellation de « légumes secs », les pois, les haricots et les lentilles sont quant à eux des graines comestibles de la famille des légumineuses.
Un germe ou une pousse est exactement ce que son nom indique, autrement dit une céréale ou un légume sec que l'on a fait tremper pour en ramollir la peau (le tégument) et laisser germer. Les germes et les pousses sont particulièrement nutritifs car ils contiennent la plus haute teneur en énergie que peut produire une plante au cours de son cycle de vie. En effet, le processus de germination d'une céréale, d'une graine ou d'un légume sec augmente considérablement sa teneur en vitamine et en minéraux. Les germes et les pousses sont aussi plus digestes que les céréales et graines séchées ou que les légumes secs, car les éléments nutritifs sont prédigérés au cours du processus de germination. Ce qui explique que, bien souvent, quelqu'un étant allergique à une céréale ou une légumineuse peut la consommer une fois germée.

LES GERMES ET LES POUSSES

Les germes de haricots adzuki
Ces germes très nourrissants au goût assez sucré sont délicieux en salade, et particulièrement savoureux dans une soupe miso. Faites tremper les haricots avant leur germination, soit en bocal soit dans un germoir (p. 156).

Le cresson
Vendu dans le commerce, le cresson trouve sa place en accompagnement de nombreuses recettes salées. Les Japonais, par exemple, l'utilisent en garniture avec les sashimis. Le cresson étant une plante fragile, il est préférable de le faire germer dans un germoir (p. 156) ou un récipient plat plutôt qu'en bocal.

Les pousses de poireaux
Ces pousses ont un goût de poireau très prononcé, ce qui en fait un ingrédient de choix dans les sandwiches, les salades et les sauces, mais aussi dans les soupes. En outre, elles ont l'avantage de pousser en moins de temps qu'il n'en faut pour le dire. Il suffira de faire tremper les graines une nuit entière, de les rincer régulièrement et elles seront prêtes à consommer en 2 ou 3 jours (p. 156).

Les pousses de radis
Difficile de faire la différence entre les pousses de radis et le cresson. Les pousses de radis se distinguent en principe par leur tige rosée, mais elles ont pratiquement le même goût, laissant en bouche une note poivrée. Très souvent servies en garniture ou crues avec les sashimis japonais, les pousses de radis viendront aussi enrichir vos salades et vos sandwiches.

Les pousses de roquette
Si vous aimez la roquette, vous adorerez ses jeunes pousses à la saveur un peu moins intense. Utilisez-les avec du parmesan, des tomates et du basilic pour concocter un savoureux pesto. Attention : cultivées en bocal, elles ont tendance à former des touffes, il est donc préférable d'opter pour un germoir (p. 156).

Les pousses de betteraves
De plus en plus populaires, les pousses de betteraves sont en vente dans les magasins de produits diététiques et les épiceries bio. Leur couleur rose fait merveille en garniture ou simplement dans une salade. On peut les cultiver à partir des graines de betteraves, mais elles sont si fines qu'il est préférable de recourir à un germoir (p. 156).

Les germes de haricots mungo et les germes de soja
La germination des haricots mungo s'effectue en deux temps. On récolte d'abord de jeunes germes appelés germes de haricots mungo, puis, en laissant la germination suivre son cours, on obtient les germes de soja classiques. Ceux-ci s'abîmant très vite, mieux vaut les acheter par petite quantité ou les cultiver soi-même (p. 156).

Les germes variés
Voici un terme flou désignant le mélange de germes de votre choix. On trouve des mélanges tout prêts dans les magasins de produits diététiques qui comprennent le plus souvent des lentilles rouges, de la moutarde, des haricots mungo et du fenugrec. Si vous créez votre propre mélange, je vous recommande des variétés assez fermes comme les germes de haricots adzuki, de pois chiches ou de lentilles.

Les pousses de lentilles corail
Ces germes ont un goût légèrement poivré qui en fait un ingrédient de choix dans les salades, les soupes et les sauces. Vendus déjà germés dans les magasins d'alimentation biologique, on peut aussi les cultiver soi-même (p. 156), auquel cas, mieux vaut opter pour des lentilles corail entières, en vente dans la plupart des épiceries bio.

Les pousses de fenugrec
Ces petites pousses qui se caractérisent par une saveur indienne épicée sont délicieuses avec du riz, un curry et, plus généralement, avec la cuisine indienne. Leur goût étant parfois très prononcé, mieux vaut les marier à d'autres pousses.

Les germes de pois chiches
Ces germes qui sont parmi mes préférés ont un délicieux petit goût de noisette. Ils sont parfaits pour caler un petit creux. Il faudra les faire tremper une nuit avant leur germination en bocal ou dans un germoir (p. 156).

Les pousses d'alfalfa
Probablement parmi les plus connues et les plus reconnaissables de toutes, les pousses d'alfalfa, ou luzerne, sont souvent associées en paquet avec d'autres graines : alfalfa et brocolis, alfalfa et oignons, etc. Le moyen le plus facile de les cultiver est le germoir (p. 156). Évitez cependant de tasser les graines sous peine de les voir manquer d'air et moisir.

LES CÉRÉALES

L'amarante
Voici une graine magique, appréciée pour sa teneur élevée en protéines et en calcium. On l'utilise à la place du riz dans les pilafs et les cakes salés et pour sa farine moulue, délicieuse dans les gâteaux, les biscuits et les pâtisseries. Ne contenant pas de gluten, c'est un excellent ingrédient pour ceux qui ne tolèrent pas le blé et suivent un régime sans gluten.

L'orge
La plupart d'entre nous connaissent l'orge perlé, c'est-à-dire de petits grains lisses que l'on a débarrassés de leurs téguments (le son) par abrasion. L'orge s'adapte volontiers et se cuisine salé ou sucré. Excellente source de fibre, on pense que c'est la première céréale à avoir été cultivée. L'orge possède un index glycémique (ig) très faible, c'est pourquoi on l'intègre souvent dans les régimes des diabétiques et des personnes devant surveiller leur poids.

Le riz noir gluant
Très apprécié en Asie pour la préparation de nombreux plats de base et de desserts de cérémonie, il faudra faire tremper le riz noir gluant une nuit entière pour en ramollir les grains. Tous les riz sont une bonne source de protéines, de fer, de vitamine B et de zinc.

Le boulgour ou blé concassé
Le blé entier est décortiqué, cuit à la vapeur, séché, puis moulu en grains plus ou moins fins, ce qui permet de le cuire moins longtemps. Il suffit de le faire tremper dans l'eau, de le laisser gonfler, de l'égoutter et d'en extraire l'eau en excès avant de l'accommoder. Excellente source de fer et de vitamine B, le boulgour est aussi riche en protéines et en niacine.

Le kamut
De la famille du blé durum qui comptait parmi les céréales préférées des Égyptiens, le kamut connaît un regain de popularité car il est beaucoup moins allergène que le blé. On peut l'utiliser de la même manière, pour le pain par exemple, mais il est aussi délicieux dans une salade ou une soupe.

Le quinoa
Le quinoa est aujourd'hui une céréale de choix pour ceux qui souhaitent augmenter la teneur en protéines de leur alimentation. C'est aussi une bonne source de calcium.

Le sarrasin ou blé noir
Le sarrasin présente des grains à la forme triangulaire originale, que l'on pourra faire griller avant la cuisson pour mieux faire ressortir leur délicieux goût de noisette. Grillés, ces grains portent parfois le nom de kasha. Si vous faites cuire le sarrasin à l'eau, surveillez attentivement sa cuisson car il devient facilement pâteux quand il est trop cuit. Le sarrasin est une bonne source de protéines, de fer et de magnésium.

La polenta
Maïs moulu, la polenta porte aussi le nom de semoule de maïs. On la trouve sous différentes moutures, de fine à grossière, qui vont déterminer la quantité d'eau absorbée. Généralement cuite à l'eau ou au bouillon, elle forme une sorte de purée épaisse. On peut aussi la laisser reposer dans un moule et la découper en parts que l'on fera frire ou griller. C'est une excellente source de fer et de thiamine.

LES CÉRÉALES

Le riz rouge
Comme son nom l'indique, ce riz à grains courts présente une couleur brun rougeâtre. Légèrement gluant, son merveilleux goût de noisette en fait une céréale délicieuse dans une salade, un risotto ou en accompagnement d'un curry.

Le sago
Il s'agit de petites graines gluantes fabriquées à partir du tronc du palmier sago. On commence par extraire l'amidon granuleux du tronc, que l'on fait séché avant de le moudre. Avec cette farine, on fabrique une sorte de pâte que l'on passe ensuite au tamis au-dessus d'une plaque de métal brûlante, obtenant ainsi de petites graines rondes. Essentiellement connu pour le gâteau au sago, le sago a la réputation de soulager les lourdeurs d'estomac et remplace parfois le tapioca.

Le tapioca
Contrairement à la croyance populaire, le tapioca et le sago sont deux fécules différentes. Le tapioca est fabriqué à partir des racines du manioc. Ces racines pelées sont broyées par friction dans un tamis. La fécule ainsi obtenue est ensuite grillée, puis repassée au tamis, formant de petites perles. Cuites, les perles de tapioca deviennent transparentes et gélatineuses. Attention : leur cuisson est plus longue que celle du sago, ne l'oubliez pas si vous remplacez l'un par l'autre.

La semoule
La semoule de blé est issue de la semoule supérieure du grain de blé ou endosperme que l'on a moulu. Comme la polenta, la semoule est vendue sous différentes moutures, de fine à grossière.
Les semoules à grains fins entrent dans la préparation des pâtes, les moutures un peu plus grossières étant généralement réservées aux gâteaux et autres desserts.

Le blé
Sans aucun doute la plus connue de toutes les céréales, on consomme cependant rarement le grain entier. De nos jours, le blé est généralement débarrassé du son, puis moulu et utilisé dans la fabrication du pain et de préparations cuites au four. Le blé entier est une excellente source de fibre et de niacine. Sa transformation réduit considérablement sa teneur en vitamines et en minéraux.

Le moughrabieh
Encore appelée « couscous libanais », cette céréale porte le nom du plat dans lequel on l'utilise. Les boulettes de moughrabieh sont très proches des perles de tapioca mais, contrairement aux autres semoules, on les cuit à l'eau ou au bouillon. Délicieuses dans les salades, on peut aussi les intégrer dans les soupes et les ragoûts.

Le millet
Ces minuscules petites billes jaunes doivent leur nom à la racine latine du mot « mille ». Le millet ne désigne pas une céréale en particulier mais un groupe d'herbes de céréale parmi lesquelles le sorgho. Utilisé dans les soupes, les bouillies et les farces, le millet ne contient pas de gluten et peut donc être apprécié par les personnes qui ne tolèrent pas le blé. C'est également une excellente source de fibres, de fer, ainsi que de vitamine B_1 et B_3.

Le couscous
Voici de petits granules de semoule cuits à la vapeur et roulés dans la farine. Ingrédient de base de la cuisine nord-africaine, le couscous qui est riche en vitamine B et en fer est aussi une bonne source de protéines et de vitamine B. Toutes les recettes de cet ouvrage sont préparées avec un couscous instantané qu'il suffit de faire gonfler 5 minutes dans l'eau bouillante. On pourra alors séparer les grains à la fourchette pour l'aérer avant de servir.

LES HARICOTS ET LÉGUMES SECS

Les lentilles vertes du Puy
Ces petites lentilles couleur ardoise originaires de la ville du Puy-en-Velay tiennent particulièrement bien à la cuisson et sont idéales pour les salades et les soupes. Elles cuisent un peu plus longtemps que les lentilles brunes et vertes. Il est inutile de les faire tremper avant la cuisson.

Les pois chiches
En forme de cœur et de couleur beige, on les appelle aussi *garbanzos*, et ils sont surtout connus en tant qu'ingrédient de base de l'houmous. Bien qu'ils soient vendus secs ou en boîte, une fois cuisinés, les pois chiches secs sont nettement supérieurs à leur homologue en boîte, pour le goût comme pour la texture. Les pois chiches sont une bonne source de protéines, de vitamines B et de fibres.

Les pois cassés
Les pois cassés sont soit vert vif, soit jaunes. On peut remplacer les uns par les autres et, comme les lentilles, il est inutile de les faire tremper avant de les accommoder. Ils tournent en purée à la cuisson, d'où la célèbre purée de pois cassés et leur utilisation dans les soupes. Excellente source de fibres, les pois cassés sont également riches en protéines, en vitamine C et en fer.

Les lentilles corail
Ces lentilles ont été décortiquées et coupées en deux avant le conditionnement, ce qui leur vaut probablement d'être les plus rapides à cuire (environ 20 minutes). Surveillez soigneusement leur cuisson : trop cuites, elles ont tendance à devenir pâteuses. Les lentilles corail ou lentilles rouges, qu'il est inutile de faire tremper, sont idéales pour la préparation du dal indien.

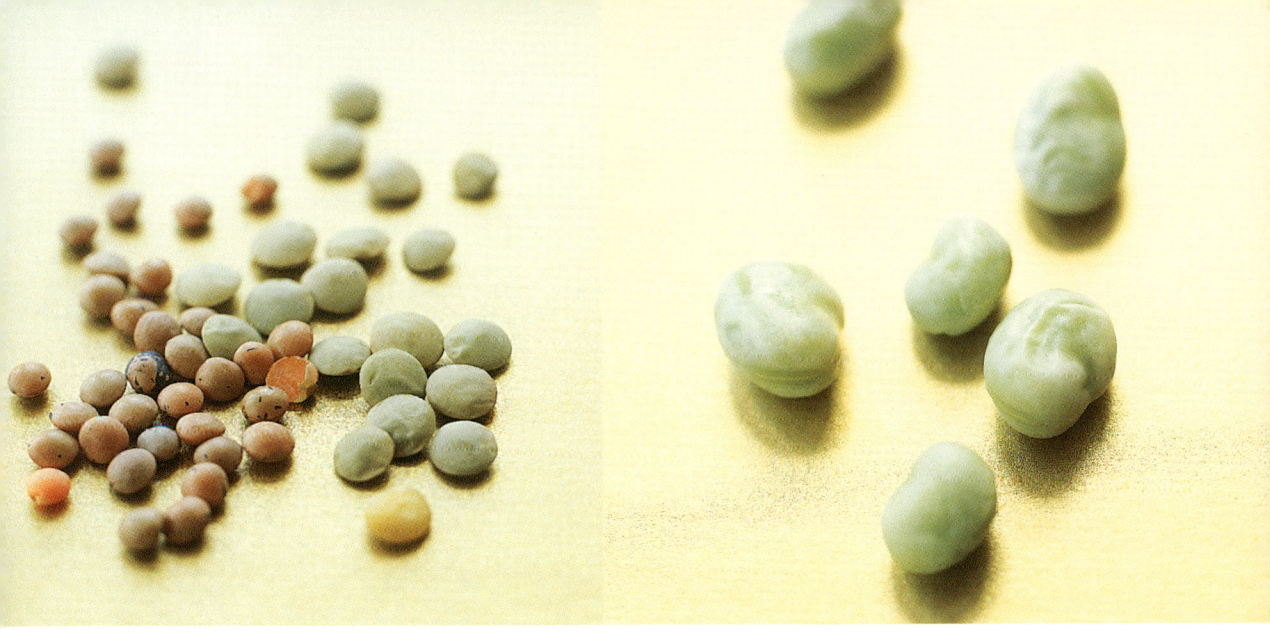

Les lentilles brunes et les lentilles vertes

Ces lentilles se cuisinent de la même façon. Elles ne demandent pas de trempage mais cuisent un peu plus longtemps que les lentilles corail dans la mesure où elles sont entières. La qualité des lentilles en conserve est variable et celles-ci sont souvent pâteuses.

Les fèves

Secs, ces haricots encore appelés « haricots fava » ont tendance à avoir une peau épaisse difficile à enlever. Si, pour cet ouvrage, nous avons choisi des fèves congelées disponibles toute l'année, n'hésitez pas, en saison, à les remplacer par des fèves fraîches. Dans les deux cas, il faudra les faire cuire avant de les débarrasser de leur peau. Les fèves sont une bonne source de protéines, de fibres et de vitamines B.

Les haricots de soja

De toutes les variétés, ce sont eux qui détiennent le record du temps de cuisson, il est donc indispensable de faire tremper les haricots de soja avant la cuisson (p. 157). Très riches en protéines, les haricots de soja contiennent également une grande quantité d'acides gras essentiels. Jaunes ou noirs, ils entrent dans la préparation de la sauce de soja, du tofu, du tempeh, du miso, du lait de soja, des haricots noirs salés, ainsi que des boissons et des fromages à base de soja.

Les cornilles

De couleur crème avec un œil noir, ces petits haricots qui portent également le nom de « doliques à œil noir » sont très populaires dans la cuisine du sud des États-Unis. Ils sont riches en fibres et en protéines.

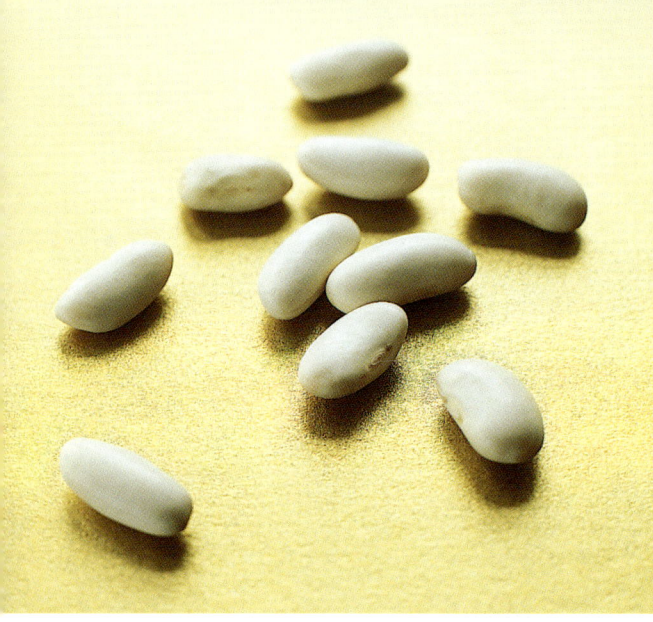 

LES HARICOTS ET LÉGUMES SECS

Les haricots cannellini
Vendus secs ou en boîte, ces petits haricots blanc cassé sont très populaires dans la cuisine italienne. Cuits dans un bouillon puis passés au mixeur, les haricots cannellini offrent une délicieuse purée, merveilleusement veloutée. On les retrouve également dans les soupes, les ragoûts et autres recettes de haricots cuits au four.

Les haricots adzuki
Encore appelés « aduki », ces haricots très présents dans la cuisine chinoise et japonaise, notamment dans les desserts, sont aussi le principal ingrédient de la pâte de haricots rouges. Prisés dans les recettes sucrées, ils n'en sont pas moins délicieux dans une soupe, une salade ou un ragoût. Les haricots adzuki secs ont la réputation d'éloigner les mauvais esprits pendant le Nouvel An chinois. Excellente source de protéines, de fer, de vitamine B_1 et de vitamine B_3, ils sont également riches en magnésium, en zinc et en potassium.

Les haricots borlotti
Ces haricots mouchetés de rose, appelés parfois « haricots canneberge » ou « cocos roses », doivent leur popularité dans les soupes et salades italiennes à leur merveilleuse texture crémeuse. Vendus secs ou en boîte, ils perdent malheureusement leurs taches rosées à la cuisson, mais n'en restent pas moins une bonne source de protéines, de fibres et de vitamines B.

Les haricots de Lima
Voici de gros haricots plats et réniformes qui portent le nom du lieu où l'on a commencé à les cultiver. Ils sont vendus secs ou en boîte, auquel cas ils ont tendance à devenir pâteux et l'on veillera à ne pas prolonger leur cuisson. Les haricots de Lima offrant une excellente source de fibres, ils risquent en contrepartie de provoquer des flatulences.

Les haricots mungo

Populaires en Chine et en Inde, les haricots mungo sont probablement plus connus sous leur forme germée, lorsqu'ils deviennent les longues pousses blanches si populaires dans la cuisine chinoise. Débarrassés de leur peau et réduits en poudre, ils servent alors à la confection des nouilles et du vermicelle de soja. Les Indiens, quant à eux, les cuisinent décortiqués et coupés en deux pour préparer le moong dal. Riches en fibres et en protéines, ils sont une excellente source de magnésium, de fer, de folate, ainsi que de vitamines B_1 et B_3.

Les haricots rouges

Réniformes et rouges, comme leur nom l'indique, ces haricots sont un ingrédient célèbre de la cuisine mexicaine. Ils sont vendus secs ou en boîte. Plus fermes, les premiers conviennent mieux aux plats qui doivent mijoter longtemps.
Les haricots rouges sont riches en protéines, en fibres, en potassium, en magnésium, en folate, ainsi qu'en vitamines B_1 et B_3. mais leur forte teneur en fibres entraîne parfois des problèmes de flatulence.

Les flageolets

Les flageolets appartiennent à la famille des haricots blancs parmi laquelle les soissons, les cannellini, les haricots nains ainsi que les variétés great northern et caracoli. Ils sont vendus secs ou en boîte et l'on pourra les remplacer l'un par l'autre. Les flageolets sont des haricots riches en fibres et en protéines.

Les haricots noirs Black Turtle

Il ne faut pas confondre les haricots noirs Black Turtle avec les haricots noirs soya bean, beaucoup plus petits et beaucoup plus ronds. On pourra remplacer les Black Turtle par des haricots rouges dans toutes les recettes, tous deux ayant en effet des valeurs nutritives très proches.

Germes & pousses : des idées toutes simples

Tofu à la vapeur aux germes de haricots adzuki, au gingembre et aux échalotes Faites cuire à la vapeur 500 g de tofu tendre, couvrez de 2 c. à s. de gingembre finement émincé et de 30 g de germes de haricots adzuki. Arrosez le tout avec 1 c. à c. d'huile de sésame et 1 c. à s. de sauce de soja. Quand le tofu est cuit, saupoudrez de 2 oignons nouveaux finement émincés et nappez de 2 c. à s. de sauce de soja mélangée à 1 c. à c. de sucre et 1 c. à s. de vin de riz chinois. Pour 4 personnes.

Potiron grillé et salade de germes de haricots adzuki Préchauffez le four à 200 °C (th. 6-7). Faites griller 500 g de potiron pelé, coupé en tranches épaisses et arrosé d'huile d'olive. Répartissez-les dans les assiettes. Émincez et mélangez 2 feuilles de nori et 1 oignon nouveau. Ajoutez 50 g de germes de haricots adzuki et 1 c. à s. de graines de sésame. Recouvrez-en les tranches et nappez avec ½ c. à c. d'huile de sésame mélangée à 1 c. à s. de tamarin et 1 c. à s. de vinaigre de riz. Pour 4 personnes.

Des idées toutes simples avec…
Les germes de haricots adzuki

FACILES À CULTIVER À LA MAISON, LES GERMES DE HARICOTS ADZUKI ONT UNE TEXTURE FERME QUI PERMET DE LES ACCOMMODER DE MILLE FAÇONS. ON LES SAVOURE AUSSI BIEN CHAUDS QUE FRAIS ET ILS SE MARIENT À TOUTES LES RECETTES ASIATIQUES QUE CE SOIT AVEC DES NOUILLES, DES SAUTÉS OU DU RIZ.

Salade de nouilles soba au gingembre Mélangez 200 g de nouilles soba froides, ½ concombre finement émincé, 2 c. à s. de gingembre mariné émincé, 1 avocat haché et 50 g de germes de haricots adzuki. Battez 1 c. à s. de mirin avec 1 c. à s. de saké et 1 c. à s. de sauce de soja. Versez la sauce sur la salade et servez. Pour 4 personnes.

Amandes et germes de haricots adzuki épicés Faites chauffer 100 g d'amandes fraîches avec la peau dans une poêle antiadhésive. Nappez de 1 à 2 c. à s. de tamarin mélangées à 1 c. à s. de miel liquide et ½ c. à c. de cinq-épices. Laissez cuire à feu moyen pour que les amandes s'enrobent des épices. Ôtez la poêle du feu et incorporez 50 g de germes de haricots adzuki. Pour 4 personnes.

Rouleaux aux pousses d'alfalfa et œufs mayo Découpez la croûte de 8 tranches de pain de mie. Faites cuire 3 œufs durs, puis écrasez-les avec 2 c. à s. de mayonnaise et 1 pincée de poudre de curry. Tartinez le pain de ce mélange et garnissez de 50 g de pousses d'alfalfa, puis salez et poivrez généreusement avant de rouler le pain sur la garniture. Pour 4 personnes;

Rondeaux de chèvre aux pousses d'alfalfa et noix au miel Coupez une bûche de 150 g de fromage de chèvre en tranches épaisses et disposez-les dans un plat. Répartissez dessus 50 g de pousses d'alfalfa et de noix grillées nappées de 2 c. à s. de miel chauffé et de 2 c. à c. de vinaigre balsamique. Coupez 2 figues mûres en quartiers et garnissez-en les tranches. Pour 4 personnes.

Les pousses d'alfalfa

Ce sont de jeunes pousses fragiles vendues dans les supermarchés, les magasins de produits diététiques et chez les primeurs. Délicieuses parsemées sur une salade, les jeunes pousses d'alfalfa sont aussi une alternative nourrissante à la laitue dans tous les sandwiches.

Dip à l'avocat et aux pousses d'alfalfa Pelez et dénoyautez 2 avocats bien mûrs et mettez-les dans le bol du robot avec 50 g de pousses d'alfalfa, 1 c. à s. de jus de citron vert et 1 gousse d'ail. Salez, poivrez et réduisez le tout en sauce épaisse. Servez agrémenté de fines tranches d'échalotes, si vous aimez. Pour 4 personnes.

Salade aux amandes et graines variées Mélangez 100 g de pousses d'alfalfa détachées les unes des autres, 3 c. à s. de graines de tournesol, 2 c. à s. de graines de citrouille et 50 g d'amandes effilées. Formez des tas de ce mélange dans des assiettes et nappez-les de 2 c. à s. de vinaigre d'estragon mélangé à 1 c. à c. de moutarde de Dijon, 1 c. à c. de miel et 3 c. à s. d'huile d'olive vierge extra. Pour 4 personnes.

Feuilletés poivrés au cheddar et aux pousses de betteraves Préchauffez le four à 200 °C (th. 6-7). Mélangez 50 g de parmesan frais râpé, 50 g de cheddar frais râpé, 2 oignons nouveaux finement émincés, 1 c. à c. de poivre concassé et 50 g de pousses de betteraves. Saupoudrez ce mélange sur un carré de pâte feuilletée de 20 cm de côté en laissant 2 cm sur les bords et roulez la pâte dessus. Détaillez ce rouleau en tranches de 2 cm et enfournez 20 minutes pour une pâte dorée et croustillante. Pour 12 feuilletés.

Coleslaw de pousses de betteraves aux pommes Lavez 2 pommes rouges, épépinez-les et émincez-les. Dans un récipient, mélangez-les avec 50 g de pousses de betteraves, 75 g de chou coupé en fines lamelles et 2 oignons nouveaux finement émincés. Battez 2 cuillerées à soupe de yaourt nature avec 2 c. à s. de jus de pomme et 1 c. à c. de moutarde en grains et nappez-en la salade. Pour 4 personnes.

Des idées toutes simples avec…

Les pousses de betteraves

AUSSI FINES QU'UN FIL, LES POUSSES DE BETTERAVE ONT PLUS D'UN TOUR DANS LEUR SAC. LEUR ÉTONNANTE COULEUR ROSE POURPRE EN FAIT UNE GARNITURE IDÉALE, ET ELLES SUPPORTENT ÉGALEMENT TRÈS BIEN LES TEMPÉRATURES ÉLEVÉES, CE QUI PERMET DE LES CUIRE DANS LES BEIGNETS ET LES RÖSTIS.

Pousses de betteraves aux œufs de caille Faites durcir 12 œufs de caille, écalez-les et coupez-les en deux. Disposez-les sur 12 pousses d'épinard et recouvrez de petits tas de pousses de betteraves frites. Pour 4 personnes.

Salade de pousses de betteraves au bleu et au pamplemousse Partagez 100 g de roquette entre 4 assiettes, répartissez dessus 1 pamplemousse en quartiers, 100 g de bleu, 50 g de pousses de betteraves et terminez par 50 g de pignons. Versez dessus un filet d'huile d'olive vierge extra. Pour 4 personnes.

Salade de nouilles soba aux germes de soja
Mélangez 100 g de nouilles soba cuites, 100 g de germes de soja, 25 g de feuilles de coriandre fraîche, 1 gros piment finement émincé et 80 g de cacahuètes. Nappez d'une sauce préparée avec 1 c. à c. d'huile de sésame, 2 c. à s. de sauce de soja, 1 c. à s. de vinaigre de riz et 1 c. à c. de sucre. Pour 4 personnes.

Germes de soja à l'ail et au parmesan
Dans une poêle, chauffez 1 c. à s. d'huile d'olive et faites revenir 3 minutes 3 gousses d'ail finement émincées avec 200 g de germes de soja. Assaisonnez généreusement de sel de mer et de poivre noir du moulin. Retirez la poêle du feu et incorporez 1 c. à s. de brins de thym et 50 g de copeaux de parmesan. Pour 4 personnes.

Les germes de soja

LA PLUPART D'ENTRE NOUS NE SAVENT PAS QUE LES GERMES DE SOJA SONT TOUT D'ABORD DE PETITS GERMES VERTS ISSUS DES HARICOTS MUNGOS. CE SONT CERTAINEMENT LES GERMES LES PLUS FACILES À ACCOMMODER, CE QUI EXPLIQUE QU'ILS SOIENT TANT APPRÉCIÉS EN ASIE. UTILISEZ-LES SANS COMPTER POUR ENRICHIR UN SAUTÉ, UNE RECETTE DE NOUILLES OU UNE SALADE.

Julienne de carottes, de concombres et de germes de soja marinés
Pelez et émincez en julienne 1 carotte et 1 mini-concombre et mélangez-les dans un récipient non métallique avec 100 g de germes de soja. Battez 50 cl de vinaigre blanc et 3 c. à s. de sucre et arrosez les légumes de cette marinade. Transférez le tout dans un bocal stérilisé et laissez refroidir 3 jours. Pour 4 personnes.

Omelette chinoise aux germes de soja et à la sauce d'huître
Battez 6 œufs avec 1 c. à c. d'huile de sésame et versez-les dans un wok chaud avec 1 c. à s. d'huile. Parsemez de 50 g de germes de soja et de 1 c. à s. de feuilles de coriandre fraîche, puis laissez cuire. Répartissez l'omelette sur 4 assiettes, arrosez d'un filet de sauce d'huître et agrémentez de piment émincé et de coriandre. Pour 4 personnes.

Salade de pousses de roquette au parmesan
Mélangez 100 g de jeunes feuilles de roquette avec 50 g de pousses de roquette et 100 g de parmesan en copeaux. Disposez la salade en petits bouquets sur les assiettes de services et nappez d'huile d'olive vierge extra et de vinaigre balsamique vieux ou extravieux. Pour 4 personnes.

Nectarines aux pousses de roquette et à la féta
Détaillez 3 nectarines dénoyautées en quartiers, garnissez de 100 g de féta émiettée et de 50 g de pousses de roquette. Arrosez d'un filet d'huile d'olive vierge extra et de vinaigre d'estragon. Pour 4 personnes.

Des idées toutes simples avec…
Les pousses de roquette

VOICI DE JEUNES POUSSES DÉLICATES AU GOÛT ASSEZ PRONONCÉ QUI RESSEMBLENT BEAUCOUP AUX POUSSES DE MOUTARDE. ON LES UTILISE DE PRÉFÉRENCE FRAÎCHES POUR PROFITER DE CETTE MÊME SAVEUR POIVRÉE QUI CARACTÉRISE LA ROQUETTE, POURQUOI PAS DANS UNE SALADE, UN SANDWICH BAGUETTE OU AU PAIN PITA.

Bagels au saumon fumé et aux pousses de roquette
Ouvrez 4 bagels au sésame en deux et faites-les griller. Garnissez généreusement chaque moitié de 100 g de fromage à tartiner, de 1 c. à s. de câpres hachées et de 2 c. à s. de cornichons hachés. Recouvrez de 100 g de saumon fumé et complétez cette garniture par 50 g de pousses de roquette. Pour 4 personnes.

Halloumi au citron et aux pousses de roquette
Faites dorer 500 g de halloumi découpé en tranches épaisses dans 1 c. à s. d'huile d'olive. Mélangez 2 tomates détaillées en petits dés avec 1 gousse d'ail finement hachée et 1 zeste de citron. Incorporez 30 g de roquette et répartissez cette salade sur les tranches d'halloumi. Pour 4 personnes.

Sandwiches à la saucisse et aux pousses de poireaux Faites cuire 4 saucisses de porc. Dans une casserole, chauffez 1 c. à s. d'huile et faites dorer 1 oignon finement émincé. Ajoutez 1 c. à s. de vinaigre balsamique, 1 c. à s. de sucre roux et laissez l'oignon caraméliser. Ôtez du feu et incorporez 50 g de pousses de poireaux. Servez cette garniture dans un petit pain baguette, avec votre chutney préféré. Pour 4 sandwiches.

Röstis de pommes de terre et pousses de poireaux Râpez finement 2 pommes de terre crues, pressez-les dans la main pour en extraire l'humidité et mélangez-les avec 2 gousses d'ail pilées et 50 g de pousses de poireaux. Formez des röstis de cette préparation et laissez-les frire dans un fond d'huile d'olive, de sorte qu'ils soient dorés et croustillants sur chaque face. Pour 4 personnes.

Les pousses de poireaux

Nul doute que ces pousses ne deviennent rapidement un incontournable dans votre placard à provisions. Avec un goût très proche des mini-poireaux, elles remplacent délicieusement les pousses d'alfalfa et s'utilisent pour ainsi dire de la même façon, parsemées sur une salade ou en garniture de sandwich.

Émincé de fenouil, pecorino et radis aux pousses de poireaux Émincez 2 petits bulbes de fenouil, 50 g de petits radis rouges, 50 g de pecorino et 50 g de pousses de poireaux, puis disposez ces ingrédients par couche dans le fond d'un grand saladier. Battez 1 c. à s. de jus de pomme, 1 gousse d'ail pilée, 1 c. à s. de vinaigre de vin blanc et 2 c. à s. d'huile d'olive et nappez-en l'émincé. Pour 4 personnes.

Purée onctueuse de pommes de terre et pousses de poireaux Faites cuire 500 g de pommes de terre pelées et coupées en morceaux dans 50 cl de bouillon de poulet. Égouttez-les et réduisez-les en purée. Incorporez 2 c. à s. de beurre et 2 c. à s. de crème fraîche, 50 g de pousses de poireaux et 30 g de pousses d'oignons. Salez et poivrez généreusement. Mélangez bien. Pour 4 personnes.

Salade de pousses de moutarde aux framboises et jambon de Parme Faites griller 100 g de jambon de Parme sur un gril préchauffé. Quand il est doré et croustillant, laissez le jambon refroidir puis cassez-le en gros morceaux. Mettez le jambon, 200 g de framboises, 100 g de fromage de chèvre émietté et 90 g de pousses de moutarde dans un saladier et nappez d'huile d'olive vierge extra. Pour 4 personnes.

Rouleaux de saumon fumé à la crème fraîche et aux pousses de moutarde Etalez 4 tranches de saumon fumé (150 g) sur un plan de travail, déposez 1 à 2 cuillerées de crème fraîche au centre de chaque tranche, recouvrez d'un petit bouquet de pousses de moutarde et roulez le saumon sur la garniture. Maintenez le rouleau avec un brin de ciboulette ou une pique à cocktail. Pour 4 personnes.

Des idées toutes simples avec…

Les pousses de moutarde

Comme leur nom l'indique, on les utilise de la même façon que la moutarde, avec une viande, un fromage ou du pain. Fragiles de nature, il est préférable de consommer ces pousses crues, en salade, ou de ne les faire cuire que légèrement pour qu'elles conservent tout leur croquant.

Barquettes d'avocat aux pousses de moutarde Pelez 2 avocats, retirez les noyaux et coupez les avocats en quartiers. Mélangez 50 g de pousses de moutarde avec 2 c. à s. de graines de sésame, déposez un petit tas de ce mélange sur chaque quartier. Battez 2 c. à s. de sauce de soja avec 1 c. à s. de jus de citron vert et 2 c. à c. de sucre. Arrosez-en les avocats et servez sans attendre. Pour 4 personnes.

Rosbif sur toasts aux pousses de moutarde Faites griller 6 tranches de pain de mie complet et coupez-les en deux, dans la diagonale. Tartinez ces toasts d'une mayonnaise forte composée de 1 c. à s. de crème de raifort, 1 c. à s. de mayonnaise et 1 c. à c. de moutarde de Dijon. Recouvrez de rosbif émincé saignant et terminez par un petit bouquet de pousses de moutarde. Pour 4 personnes.

Croûtons au cheddar et à la moutarde aux pousses de radis rouge Préchauffez le gril du four. Découpez une baguette en tranches épaisses, toastez les tranches sur une face et tartinez généreusement l'autre face de moutarde en grains. Saupoudrez de 100 g de cheddar extra-vieux râpé et laissez dorer sur le gril. Garnissez de 30 g de pousses de radis rouges. Pour 4 personnes.

Salade de pousses de radis à l'orange et au raisin Pelez et découpez 3 oranges navels en tranches fines. Disposez-les sur un plat, recouvrez de 100 g de grains de raisin rouge coupés en deux, 50 g de frisée, 60 g de pousses de radis rouge et 2 c. à s. de graines de tournesol. Arrosez d'un filet de vinaigre de vin rouge et d'huile d'olive vierge extra. Pour 4 personnes.

Les pousses de radis rouges

LA MERVEILLEUSE COULEUR POURPRE DE CES RADIS EN FAIT LA GARNITURE IDÉALE DANS UNE ENTRÉE, LEUR DOUCE SAVEUR POIVRÉE VENANT QUANT À ELLE REHAUSSER LES PLATS AUXQUELS ON LES MARIE. PRÉSERVEZ LA FRAÎCHEUR DE CES POUSSES EN LES CONSERVANT DANS LA BARQUETTE D'ORIGINE ET EN MAINTENANT SON FOND HUMIDE.

Mesclun à la sauce gorgonzola Dans un saladier, mélangez le mesclun, 2 tomates, 1 mini-concombre détaillés en petits dés et 60 g de pousses de radis rouges. Mélangez 50 g de gorgonzola écrasé avec 150 g de yaourt nature et 1 c. à s. d'eau. Nappez la salade de cette sauce. Pour 4 personnes.

Makis au potiron grillé et aux pousses de radis rouges Préchauffez le four à 180 °C (th. 5-6). Épluchez 500 g de potiron, faites-le griller 30 minutes et laissez refroidir. Étalez le potiron sur 6 feuilles de nori grillées, recouvrez de 60 g de pousses de radis rouges et saupoudrez de gingembre finement émincé. Roulez les feuilles de nori sur la garniture, puis découpez-les en tronçons épais. Pour 4 personnes.

Beignets de pousses de lentilles corail Mélangez au fouet 125 g de farine avec levure, 1 c. à c. de poudre de curry, 1 œuf et 12,5 cl de lait. Incorporez 50 g de pousses de lentilles corail à ce mélange avec 1 c. à c. de coriandre ciselée. Formez des beignets de la valeur d'une cuillerée de pâte et faites-les revenir dans une poêle légèrement huilée. Servez les beignets accompagnés de yaourt et d'un chutney de mangue. Pour 4 personnes.

Dip de carottes et pousses de lentilles corail Faites cuire 3 carottes pelées et coupées en rondelles et égouttez-les. Mettez-les dans le bol du robot avec 100 g de pousses de lentilles corail, 1 gousse d'ail, 1 c. à s. de tahini décortiqué ainsi que 1 c. à s. de jus de citron et mixez jusqu'à l'obtention d'un mélange onctueux. Servez en dip ou en pâte à tartiner. Pour 4 personnes.

Des idées toutes simples avec…
Les pousses de lentilles corail

En vente chez de nombreux primeurs, les pousses de lentilles corail sont un atout non négligeable, notamment quand on aime la cuisine indienne où les lentilles tiennent une place de choix. Incorporez ces pousses dans une recette à base de riz pour leur apport en éléments nutritifs ou parsemez-les sur un curry juste avant de servir.

Purée de panais aux pousses de lentilles corail Faites cuire 600 g de panais pelés et coupés en dés dans 50 cl de bouillon de poulet. Ajoutez 400 g de pois chiches en boîte rincés et égouttés et faites chauffer. Transférez dans le bol du robot avec 100 g de beurre et 2 c. à s. de crème de raifort, puis réduisez en purée. Incorporez 1 c. à s. de persil haché et 50 g de pousses de lentilles corail. Pour 4 personnes.

Riz aux oignons et aux pousses de lentilles corail Faites cuire 200 g de riz basmati dans 35 cl d'eau. Dans une casserole, chauffez 2 c. à s. d'huile d'olive, ajoutez 2 oignons finement émincés, 1 c. à c. de cumin moulu et 1 c. à c. de cannelle. Laissez cuire 10 minutes. Une fois les oignons caramélisés, incorporez-les au riz avec 100 g de pousses de lentilles corail et 2 c. à s. de coriandre ciselée. Pour 4 personnes.

Méli-mélo de graines et de germes de pois chiches au curry Dans une poêle, chauffez 30 g de beurre et 1 c. à c. de poudre de curry. Ajoutez 100 g de germes de pois chiches, 100 g d'amandes fraîches, 50 g de graines de potiron et 50 g de graines de tournesol puis laissez cuire 5 minutes à feu moyen pour des germes dorés et croustillants. Égouttez ce méli-mélo sur du papier absorbant et savourez-le en guise d'en-cas ou avec une salade.

Germes de pois chiches au paprika fumé et au salsa de tomates Chauffez 1 c. à s. d'huile d'olive dans une poêle et faites-y dorer 1 petit oignon rouge finement haché. Incorporez 1 c. à c. de paprika fumé et 1 c. à c. de graines de carvi. Poursuivez la cuisson 1 minute, puis ajoutez 200 g de germes de pois chiches, 2 tomates détaillées en petits dés et 400 g de haricots rouges en boîte, rincés et égouttés. Laissez cuire 5 minutes. Ajoutez 1 c. à s. de coriandre fraîche juste avant de servir. Pour 4 personnes.

Les germes de pois chiches

RIEN DE TEL QUE DE LES CULTIVER À LA MAISON POUR OBTENIR DES GERMES DE POIS CHICHES FERMES ET SAVOUREUX. ACCOMMODEZ-LES ENSUITE COMME DES POIS CHICHES, DANS UN TAGINE, UN CURRY OU UNE SOUPE. CES GERMES OFFRENT UNE BONNE ALTERNATIVE AUX FRUITS SECS POUR TOUS CEUX QUI SURVEILLENT LEUR LIGNE.

Sauté d'épinards à l'ail aux germes de pois chiches Dans un wok, faites revenir 3 gousses d'ail émincées et 200 g de jeunes pousses d'épinards dans 2 c. à s. d'huile d'arachide avec 1 c. à c. d'huile de sésame. Ajoutez 100 g de germes de pois chiches et 100 g de germes de soja et poursuivez la cuisson. Arrosez d'un filet de ketjap manis et parsemez de 2 c. à s. de graines de sésame grillées. Pour 4 personnes.

Pâte à tartiner aux germes de pois chiches et aux noix de cajou Mettez 200 g de germes de pois chiches dans le bol du robot avec 50 g de noix de cajou grillées, 1 gousse d'ail, 1 c. à c. de cumin moulu, 2 c. à s. de persil frais ciselé et 1 c. à s. d'huile d'olive, puis mixez jusqu'à obtention d'une pâte onctueuse. À tartiner sur des sandwiches ou à utiliser en dip. Pour 4 personnes.

Salade de crabe au piment et à la noix de coco
Dans un récipient, mélangez 200 g de pousses de fenugrec, 30 g de noix de coco fraîche râpée, 1 gros piment rouge émincé, 200 g de chair de crabe précuite, 100 g de vermicelles de riz précuit et 1 c. à s. de coriandre ciselée. Fouettez 2 c. à s. de jus de citron vert avec 2 c. à s. de sauce de poisson et 1 c. à s. de sucre roux. Nappez-en la salade et mélangez le tout. Pour 4 personnes.

Salade de pousses de fenugrec au piment doux et au melon Découpez un melon de 500 g en tranches et pelez. Mélangez 50 g de pousses de fenugrec avec 2 c. à s. de graines de citrouille. Répartissez le mélange sur les tranches de melon, puis arrosez d'une sauce constituée à parts égales d'huile d'olive et de sauce de piment doux.
Pour 4 personnes.

Des idées toutes simples avec…

Les pousses de fenugrec

VOICI UNE AUTRE VARIÉTÉ DE JEUNES POUSSES À LA SAVEUR PRONONCÉE QU'IL EST PRÉFÉRABLE D'ASSOCIER À DES ALIMENTS SUR LESQUELS ILS NE PRENDRONT PAS LE DESSUS, TEL UN CURRY PARFUMÉ OU UNE SAUCE TOMATE ÉPICÉE. ELLES SONT DÉLICIEUSES FRAÎCHES AVEC DES FRUITS TROPICAUX OU UN FROMAGE FORT.

Salade chaude aux pois chiches, à la tomate et au cumin Chauffez 1 c. à s. d'huile de tournesol dans une poêle, ajoutez 1 oignon rouge finement émincé et 1 c. à c. de cumin moulu, puis laissez cuire 5 minutes. Ajoutez 3 tomates concassées et 400 g de pois chiches en boîte, rincés et égouttés. Poursuivez la cuisson 10 minutes. Incorporez 50 g de pousses de fenugrec et servez avec du riz. Pour 4 personnes.

Œufs brouillés aux pousses de fenugrec et au saumon fumé Battez 6 œufs avec 12,5 cl de lait et 2 c. à s. de ciboulette ciselée. Chauffez 50 g de beurre dans une poêle, versez les œufs, battez-les légèrement en omelette et laissez cuire 3 minutes. Salez, poivrez. Incorporez 50 g de saumon fumé en fines lamelles et 50 g de pousses de fenugrec. Arrosez de jus de citron. Pour 4 personnes.

Salade de carottes et de raisins de Smyrne aux germes variés Mélangez 2 carottes râpées avec 100 g de germes variés, 15 g de copeaux de noix de coco, 3 c. à s. de raisins de Smyrne et 2 c. à s. de pignons grillés dans un saladier. Dans un ramequin, fouettez 3 c. à s. de jus d'orange avec 1 c. à s. d'huile de sésame et 1 c. à s. de sauce de soja et nappez-en la salade. Pour 4 personnes.

Chaussons aux germes variés à la ricotta Préchauffez le four à 200° C (th. 6-7). Mélangez 200 g de ricotta avec 50 g de germes variés et 2 c. à s. de parmesan fraîchement râpé. Salez, poivrez. Déposez 2 c. à c. de la préparation sur 12 feuilletés de pâte de filo de 6 épaisseurs de pâte, badigeonné chacun d'un peu d'huile d'olive. Repliez les feuilletés en triangles et enfournez 20 minutes. Pour 4 personnes.

Les germes variés

QUE VOUS L'ACHETIEZ EN MAGASIN OU QUE VOUS LE PRÉPARIEZ VOUS-MÊME, VOTRE MÉLANGE SERA DE TOUTE FAÇON IMPRÉVISIBLE. UNE SEULE CHOSE EST SÛRE, IL NE MANQUERA PAS D'ÉLÉMENTS NUTRITIFS. UTILISEZ LES GERMES VARIÉS POUR DONNER DU CROUSTILLANT À VOS REPAS OU DÉGUSTEZ-LES EN GUISE D'EN-CAS.

Miso aux germes variés Chauffez 1 litre d'eau avec 1 c. à s. de sauce de soja, 1 c. à s. de mirin, 1 c. à s. de wakamé déshydraté et 1 c. à c. de bouillon dashi. Portez à ébullition, baissez le feu. Ajoutez 3 oignons nouveaux émincés, 100 g de tofu de soie en dés, 50 g de germes variés et faites cuire 10 minutes. Mélangez 1 c. à s. de miso blanc avec 6 cl de bouillon de volaille, incorporez à la soupe. Réchauffez. Pour 4 personnes.

Rouleaux de poulet tandoori aux germes variés Découpez 300 g de pilons de poulet en bouchées et faites-les mariner 1 heure dans 1 c. à s. de pâte tandoori mélangée à 3 c. à s. de yaourt nature. Laissez griller 5 minutes sur un gril préchauffé. Répartissez le poulet dans 4 pains pita ou lavash, recouvrez de 50 g de germes variés et parsemez de menthe. Roulez le pain sur la garniture. Pour 4 personnes.

Brunch & petit déjeuner

Taboulé de grenade et de pêche

La plupart d'entre nous ne connaît le boulgour ou blé concassé que dans les recettes salées, à l'instar du célèbre taboulé ou kibbeh. Pour ma part, j'adore le servir sucré comme ici. Le choix des fruits et des jus de fruits peut varier à volonté. Veillez cependant à extraire le plus d'eau possible du boulgour pour ne pas ramollir les ingrédients.

Pour 4 personnes
10 minutes de préparation
20 minutes de repos
5 minutes de cuisson

75 g de boulgour
25 cl de jus de pomme sans sucre ajouté
les graines de 2 grenades
2 mangues pelées et détaillées en petits dés
2 pêches détaillées en petits dés
50 g de canneberges déshydratées
1 c. à s. de gingembre frais râpé
30 g de feuilles de menthe grossièrement ciselées

Pour servir
1 yaourt nature allégé

Mettez le **boulgour** dans un grand récipient. Dans une casserole, portez le jus de pomme à ébullition. Versez-en la moitié sur le **boulgour** et réservez le reste. Laissez reposer le **boulgour** 20 minutes, jusqu'à l'absorption complète du liquide.

Versez le **boulgour** dans une passoire et tassez bien pour extraire l'eau en excès. Mettez-le dans un saladier et incorporez délicatement les graines de grenades, la mangue, la pêche et les canneberges.

Ajoutez le gingembre au reste du jus de pomme, portez à ébullition et laissez refroidir. Versez ce jus au gingembre sur le **boulgour**, saupoudrez de menthe et remuez doucement. Servez le taboulé accompagné du yaourt.

Pavés de gruaux de maïs au poisson fumé, aux câpres et aux épinards

Si les Américains adorent les gruaux de maïs et les gruaux de soja, ils ne sont pas très connus outre-Atlantique, ce qui m'étonne car ce sont des ingrédients délicieux et très nourrissants. À l'instar d'autres haricots et céréales, leur temps de cuisson varie selon leur âge. On peut aussi incorporer ces gruaux cuits dans une recette de pancakes, de gaufre ou de beignet de maïs.

Pour 6 personnes
10 minutes de préparation
1 heure 10 de cuisson

190 g de gruaux de maïs
1 c. à s. de beurre
4 œufs légèrement battus
40 g de parmesan frais râpé
2 c. à s. d'herbes aromatiques hachées
(aneth, persil ou basilic)
50 g de pousses d'épinards
500 g de maquereau fumé
2 c. à s. de crème fraîche
2 c. à s. de câpres
beurre (pour le moule)

Pour servir
quartiers de citron

Préchauffez le four à 180 °C (th. 5-6). Portez 50 cl d'eau à ébullition dans une casserole et incorporez les gruaux petit à petit, sans cesser de remuer. Égouttez, baissez le feu et laissez mijoter 40 minutes.

Graissez légèrement un moule carré de 20 cm de côté et chemisez-le de papier sulfurisé.

Retirez la casserole du feu et incorporez le beurre, les œufs, le parmesan et les herbes hachées. Versez cette préparation dans le moule, enfournez et laissez cuire 30 minutes. Sortez le moule du four, laissez refroidir légèrement et découpez ce gâteau en six pavés. Couvrez chaque pavé de pousses d'épinards, de maquereau fumé, de crème fraîche et de câpres. Servez accompagné de quartiers de citron.

Porridge de figues à la cardamome

Grâce à l'association de l'orge et de l'avoine roulés, cette recette est idéale pour les diabétiques et pour tous ceux qui souhaitent un petit déjeuner à faible index glycémique.

Pour 4 personnes
10 minutes de préparation
10 minutes de cuisson

115 g d'orge roulé
80 g d'avoine roulée
1 c. à c. de cannelle moulue
1 c. à c. de cardamome moulue
100 g de figues séchées hachées
1 c. à c. d'extrait de vanille
75 cl de lait

Pour servir
2 c. à s. de sucre roux
4 figues fraîches, coupées en deux
un peu de lait (pour servir)

Mettez l'orge, l'avoine, la cannelle, la cardamome, les figues séchées et l'extrait de vanille dans une casserole. Ajoutez 75 cl de lait et laissez cuire 10 minutes en remuant, jusqu'à l'obtention d'une texture onctueuse et épaisse.

Répartissez la préparation dans 4 bols. Versez un peu de lait dans chaque bol et servez le porridge saupoudré de sucre roux et agrémenté de figues fraîches.

Pearl drink à la pastèque

J'AI DÉCOUVERT CE TYPE DE BOISSON AU VIETNAM ET NE PEUX PLUS ME PROMENER DANS CHINATOWN SANS EN DÉGUSTER UN OU DEUX VERRES. POUR VARIER LES PLAISIRS, VOUS POURREZ SUBSTITUER LE JUS DE PASTÈQUE PAR DU LAIT DE COCO MÉLANGÉ À UN PEU GLACE OU BIEN REMPLACER LES HARICOTS ADZUKI PAR DES HARICOTS DE SOJA CUITS.

POUR 4 PERSONNES
15 MINUTES DE PRÉPARATION
40 MINUTES DE CUISSON
UNE NUIT DE TREMPAGE

50 g de haricots adzuki secs
50 g de perles de tapioca
2 kg de pastèque épépinée, coupée en morceaux et réfrigérée

Dans un saladier, couvrez les haricots adzuki d'eau froide et laissez tremper une nuit entière. Égouttez les haricots et rincez-les sous l'eau courante puis transférez-les dans une casserole. Couvrez à nouveau d'eau froide et laissez cuire 40 minutes.
   Versez les perles de tapioca dans une autre casserole, couvrez d'eau froide et laissez bouillir 40 minutes, jusqu'à ce qu'elles soient transparentes. Rincez et égouttez soigneusement.
   Mettez la pastèque dans le bol du robot et mixez jusqu'à l'obtention d'un mélange onctueux. Répartissez les haricots et le tapioca dans 4 grands verres, et couvrez du jus de pastèque glacé.

Granola crunchy à la cannelle

Granola est un terme américain désignant le muesli grillé. Bien qu'il soit le plus souvent à base d'avoine roulée, j'ai utilisé ici plusieurs céréales différentes. Pour que le granola dure plus longtemps, conservez-le au réfrigérateur dans un récipient hermétique. Attention, pour que le muesli croustille, il faut attendre qu'il refroidisse.

Pour 1,3 kg
15 minutes de préparation
40 minutes de cuisson

1 c. à s. d'huile d'olive
4 c. à s. de sucre roux en poudre
12,5 cl de miel
2 c. à c. de cannelle moulue
2 c. à c. d'extrait de vanille
200 g d'avoine roulée
200 g d'orge roulé
150 g de seigle roulé
100 g de noisettes grossièrement concassées
50 g de graines de tournesol
100 g de graines de citrouille
50 g de mélange de graines de lin, de soja et d'amandes (LSA)
50 g de copeaux de noix de coco
250 g de fruits secs hachés (abricots, pommes ou raisins de Smyrne)

Préchauffez le four à 180 °C (th. 5-6). Versez l'huile, le sucre, le miel, la cannelle et la vanille dans une casserole. Portez à ébullition, puis retirez du feu.

Dans un grand récipient, mettez l'avoine, l'orge, le seigle, les noisettes, les graines de tournesol, les graines de citrouille, le mélange LSA et la noix de coco. Versez dessus la préparation au miel et mélangez bien pour en enrober tous les ingrédients. Répartissez ce mélange sur deux grandes plaques à pâtisserie et enfournez 40 minutes, en remuant plusieurs fois pendant la cuisson. Quand il est croustillant et bien doré, incorporez les fruits secs dans le granola et laissez refroidir.

Haricots à l'espagnol au chorizo

Pour cette recette, vous pourrez utiliser indifféremment toutes les variétés de haricots blancs : haricots de Lima ou haricots cannellini ou encore mélanger des haricots rouges et des pois chiches. Ces proportions sont calculées pour un petit déjeuner, servi avec des œufs, mais vous pouvez doubler les quantités pour les proposer en plat principal.

Pour 4 personnes
20 minutes de préparation
1 nuit de trempage
55 minutes de cuisson

80 g de haricots blancs secs
250 g de chorizo en tranches
1 oignon émincé
2 tomates, pelées, épépinées et hachées
2 c. à s. de concentré de tomates

Pour servir
œufs et toasts

Dans un saladier, couvrez les haricots d'eau froide et laissez tremper une nuit entière. Égouttez les haricots et rincez-les sous l'eau courante puis transférez-les dans une casserole. Couvrez à nouveau d'eau froide et laissez cuire 40 minutes à feu moyen. Rincez et égouttez soigneusement.

Faites revenir le chorizo dans une poêle à feu moyen. Quand il brunit, ajoutez l'oignon et laissez-le dorer 5 minutes. Incorporez les tomates et le concentré puis poursuivez la cuisson 10 minutes à feu doux. Quand les tomates sont cuites, transférez les haricots dans la sauce, et laissez réchauffer le tout. Servez les haricots accompagnés d'œufs et de toasts.

Couscous aux fruits rouges et à la crème fraîche

La simplicité même, ce petit-déjeuner de couscous est l'un de mes préférés. On peut le préparer à l'avance : l'idéal pour emporter au bureau. En hiver, on pourra remplacer le jus de canneberge par du jus d'orange et utiliser des fruits secs hachés comme des raisins de Smyrne, des abricots ou des poires.

Pour 4 personnes
5 minutes de préparation
10 minutes de repos
5 minutes de cuisson

50 cl de jus de canneberge
1 c. à s. de gingembre frais détaillé en lamelles
2 anis étoilés
185 g de couscous
300 g de fruits rouges frais variés
1 c. à s. de mélisse finement émincée

Pour servir
200 g de crème fraîche
2 c. à s. de miel de lavande

Mettez le jus de canneberge, le gingembre et l'anis étoilé dans une casserole. Portez à ébullition et laissez cuire 5 minutes. Versez ce liquide sur le couscous et laissez reposer 10 minutes, jusqu'à l'absorption complète du liquide. Séparez les grains de couscous à la fourchette, puis laissez refroidir.

Incorporez délicatement les fruits rouges dans le couscous ainsi que la mélisse. Servez le couscous dans des bols, agrémenté d'une généreuse cuillerée de crème fraîche et d'un filet de miel.

Crème de blé et rhubarbe pochée

La crème de blé est une merveilleuse petite douceur en hiver. Mes amies mères de famille l'adorent car leurs petits chérubins ne s'en lassent pas et la préfèrent généralement à la bouillie de flocons d'avoine. Si vous la préparez pour des enfants, pensez à l'aromatiser avec une pointe d'extrait de vanille et servez-la avec de la compote de pommes.

Pour 4 personnes
5 minutes de préparation
10 minutes de cuisson

40 g de semoule
1 c. à c. de mélange d'épices
100 g de gingembre confit haché
60 cl de lait ou de lait de soja écrémé ou demi-écrémé
300 g de rhubarbe détaillée en tronçons de 5 cm
2 c. à s. de sucre de Demerara

Pour servir
4 c. à s. de mascarpone

Versez la semoule, le mélange d'épices, le gingembre haché et le lait dans une casserole et faites cuire à feu moyen jusqu'à l'obtention d'une préparation épaisse et onctueuse, sans cesser de remuer. Laissez reposer 5 minutes pour que la semoule épaississe encore.

Mettez la rhubarbe, le sucre et 6 cl d'eau dans une casserole, portez à ébullition, puis couvrez et laissez cuire 5 minutes. Servez la semoule dans des bols accompagnée de la rhubarbe pochée et d'une cuillerée de mascarpone.

Céréales soufflées

Voici un merveilleux petit déjeuner à base de céréales que j'ai découvert lors d'un voyage en Amérique du Sud où l'on mange du pop-corn soit au petit déjeuner, soit en guise d'en-cas. Mariez les céréales soufflées selon vos goûts. Essayez, par exemple, le riz et l'amarante soufflés.

Pour 1 kg
10 minutes de préparation
20 minutes de cuisson

100 g de maïs soufflé
100 g de riz complet soufflé
100 g de quinoa ou de millet soufflé
100 g de son de blé (type All-Bran)
55 g de copeaux de noix de coco
50 g de graines de citrouille
18,5 cl de sirop d'érable
170 g de canneberges déshydratées
200 g de dattes séchées dénoyautées et hachées
100 g de bananes séchées en petits morceaux

Préchauffez le four à 180 °C (th. 5-6). Mettez le maïs, le riz complet, le quinoa, le son de blé, la noix de coco et les graines de citrouille dans un grand saladier et mélangez soigneusement.

Versez dessus le sirop d'érable et remuez pour bien en enrober tous les ingrédients. Enfournez 20 minutes.

Quand les céréales sont bien dorées, incorporez les canneberges, les dattes et les bananes et laissez le tout refroidir complètement avant de le transférer dans un récipient hermétique pour le conserver.

Pain aux céréales

Rien de tel que la saveur et l'odeur du pain fait maison. Cette recette demande peut-être un peu de temps, mais quel plaisir de s'amuser à volonté avec les céréales et les graines que l'on peut y incorporer. Vous pourrez aussi jouer la carte du sucré en y ajoutant des fruits secs hachés et un zeste d'orange râpé.

Pour 2 pains
20 minutes de préparation
4 heures de levée et fermentation
40 minutes de cuisson

50 g d'orge perlé
40 g de seigle concassé
60 g de blé concassé
2 c. à s. de millet
2 c. à s. de graines de tournesol
2 c. à s. de graines de lin
3 c. à s. de levure de boulanger sèche
300 g de farine complète ordinaire
300 g de farine de blé de type 55 ou 65
1 c. à c. de sel de mer
huile (pour le moule)

Mettez l'orge, le seigle, le blé, le millet, les graines de tournesol et les graines de lin dans un grand récipient. Couvrez d'eau froide et laissez reposer 1 heure. Égouttez soigneusement et essuyez avec du papier absorbant.

    Faites dissoudre la levure dans 6 cl d'eau chaude et réservez jusqu'à ce que le liquide devienne mousseux. Si ce n'est pas le cas, jetez ce mélange et recommencez. Mélangez la farine complète, la farine de blé, le sel, les céréales et la levure dans un saladier. Ajoutez 25 cl d'eau et malaxez le tout jusqu'à l'obtention d'une pâte homogène. Transférez celle-ci sur un plan de travail légèrement saupoudré de farine ordinaire et pétrissez 10 minutes, pour une pâte lisse et souple.

    Déposez la pâte dans un récipient légèrement huilé, couvrez de film alimentaire et laissez lever 2 heures à l'abri des courants d'air. La pâte doit doubler de volume.

    Préchauffez le four à 200 °C (th. 6-7) et graissez un moule à cake de 16 cm x 10 cm. Rompez la pâte du poing, transférez-la dans le moule et laissez reposer à l'abri des courants d'air. Quand la pâte a doublé de volume, enfournez et laissez cuire 30 à 40 minutes. Le pain doit être bien doré et sonner creux quand vous tapez dessus.

Les plats

Steaks de lentilles et salade de pommes et de fenouil

Pour cette recette, on pourra choisir des lentilles sèches ou en boîte (pensez alors à les égoutter soigneusement). Mon conseil : en les laissant refroidir 30 minutes au réfrigérateur, vos steaks tiendront mieux à la cuisson.

Pour 4 personnes
30 minutes de préparation
15 minutes de cuisson

400 g de lentilles brunes en boîte égouttées
50 g de feta émiettée
2 oignons nouveaux finement émincés
1 courgette râpée
1 c. à s. de thym frais, haché
1 œuf légèrement battu
60 g de son d'avoine
2 pommes vertes pelées évidées et finement émincées
1 bulbe de fenouil finement émincé sans le cœur
2 c. à s. de jus de citron
2 c. à s. d'huile d'olive vierge extra
huile d'olive (pour la poêle)
sel de mer et poivre noir du moulin

Mélangez les lentilles, la feta, les oignons nouveaux, la courgette et le thym dans un saladier. Ajoutez l'œuf battu et le son d'avoine, remuez le tout et formez 4 steaks de cette préparation.

Graissez légèrement une poêle antiadhésive à l'huile d'olive. Transférez délicatement les steaks dans la poêle et laissez dorer à feu moyen 10 à 15 minutes sur chaque face.

Mettez les pommes et les canneberges dans un récipient, arrosez du jus de citron et de l'huile d'olive et mélangez bien le tout. Salez et poivrez à votre goût. Servez les steaks de lentilles accompagnés de la salade de pommes et de fenouil.

Salade de fèves à la pancetta

Les fèves fraîches arborent une jolie couleur verte. Cependant, une fois sèches, elles virent au brun et il est difficile d'attendrir leur peau. Il faut donc les faire tremper et les cuire plus longtemps, c'est pourquoi je préconise des fèves fraîches ou congelées pour cette recette. Veillez cependant à ne pas prolonger la cuisson, pour qu'elles ne tournent pas en bouillie, ce qui gâcherait votre recette.

Pour 4 personnes
15 minutes de préparation
10 minutes pour enlever les peaux
15 minutes de cuisson

600 g de fèves fraîches ou congelées
2 c. à s. d'huile d'olive
100 g de pancettta détaillée en petits dés
2 gousses d'ail pilées
2 c. à s. de persil plat ciselé

Pour servir
copeaux de parmesan

Faites cuire les haricots dans une grande casserole d'eau. Égouttez-les, pelez-les et jetez les peaux.

Chauffez l'huile dans une poêle, ajoutez la pancetta et l'ail et laissez revenir 5 minutes à feu moyen. Quand la pancetta est croustillante, ajoutez les fèves dans la poêle et laissez le tout se réchauffer et s'imprégner d'huile. Incorporez le persil juste avant de servir les fèves agrémentées de copeaux de parmesan râpé.

Soupe de quinoa

Le quinoa était la céréale de base des Incas, entre autres parce qu'elle est très riche en protéines et en calcium. Cette soupe ayant tendance à épaissir quand on la laisse reposer, il est parfois nécessaire de l'allonger avec un peu de bouillon.

Pour 4 à 6 personnes
15 minutes de préparation
30 minutes de cuisson

1 c. à s. d'huile d'olive
2 poireaux finement émincés
1 pincée de fils de safran
300 g de pommes de terre, pelées et coupées en cubes
1,5 litre de bouillon de poulet
95 g de quinoa
400 g de pois chiches en boîte, rincés et égouttés
300 g de poisson fumé (truite ou maquereau) sans la peau, détaillé en gros morceaux
1 c. à s. de persil ciselé
3 c. à s. d'aneth ciselé
2 c. à s. de câpres fraîches hachées
1 c. à s. de zeste de citron
sel de mer et poivre noir du moulin

Chauffez l'huile dans une grande casserole, ajoutez les poireaux et laissez revenir 5 minutes à feu moyen. Quand ils sont tendres et dorés, ajoutez le safran et les pommes de terre et laissez cuire jusqu'à ce que les pommes de terre commencent à ramollir. Incorporez alors le bouillon et portez à ébullition, puis ajoutez le quinoa ainsi que les pois chiches et laissez bouillir 20 minutes.

Ajoutez le poisson fumé, salez et poivrez. Poursuivez la cuisson 5 minutes. Mélangez le persil, l'aneth, les câpres et le zeste de citron dans un petit récipient. Répartissez la soupe dans les bols de service, agrémentez chaque bol des herbes aux câpres et servez aussitôt.

Pavé de couscous aux légumes

Ces petites boules de semoule constituent la base de la cuisine marocaine et tunisienne. Pour cette recette, veillez à choisir un couscous instantané et laissez les grains gonfler assez longtemps pour qu'ils absorbent tout le liquide avant de les aérer à la fourchette.

Pour 6 personnes
25 minutes de préparation
1 nuit au réfrigérateur
20 minutes de cuisson

1 poivron rouge
1 poivron vert
1 litre de bouillon de légumes
30 g de beurre
500 g de couscous instantané
1 c. à s. d'huile d'olive
2 gousses d'ail pilées
1 oignon haché
1 c. à c. de coriandre moulue
1 c. à c. de cannelle moulue
200 g de patates douces, pelées et râpées
2 courgettes râpées
100 g d'olives noires dénoyautées et hachées
2 c. à s. de persil plat, ciselé
2 c. à s. de menthe, ciselée
2 c. à c. de zeste de citron
beurre (pour le moule)

Pour servir
100 g de yaourt grec nature
sauce au piment doux

Préchauffez le gril à température élevée. Graissez un moule peu profond de 23 cm x 10 cm et chemisez-le de film alimentaire en débordant généreusement sur les bords. Passez les poivrons sous le gril. Quand la peau cloque et noircit, transférez-les dans un sac plastique et laissez tiédir. Pelez les poivrons, jetez la peau et hachez finement la pulpe.

Dans une casserole, portez le bouillon à ébullition. Mettez le couscous et le beurre dans un grand récipient et arrosez du bouillon bouillant. Laissez gonfler 10 minutes puis aérez le couscous en séparant les grains à la fourchette.

Chauffez l'huile dans une grande poêle et faites revenir l'ail et l'oignon 5 minutes. Ajoutez la coriandre et la cannelle et poursuivez la cuisson 1 minute avant d'incorporer la patate douce et la courgette. Poursuivez la cuisson 10 minutes, jusqu'à ce que les patates soient bien tendres.

Dans un grand saladier, mélangez le couscous, la préparation à base de patates douces, les poivrons, les olives, les herbes et le zeste de citron. Tassez le tout dans le moule, repliez le film alimentaire dessus et couvrez de boîtes de conserve pour exercer une pression. Réservez une nuit au réfrigérateur. Servez le pavé de couscous accompagné d'une coupelle de yaourt et de sauce au piment doux.

Risotto à la feta, au potiron et à l'orge

L'ORGE EST UNE CÉRÉALE QUI SE PLIE À TOUT. ON PEUT L'ACCOMMODER COMME LE RIZ, CUITE DANS UN BOUILLON OU À L'EAU, DANS UNE SOUPE OU EN SALADE. DANS CETTE RECETTE, VOUS POUVEZ LA REMPLACER PAR DU RIZ ARBORIO, SI VOUS PRÉFÉREZ.

POUR 4 PERSONNES
20 MINUTES DE PRÉPARATION
40 MINUTES DE CUISSON

1,5 litre de bouillon de poulet ou de légumes
25 cl de vin blanc
1 c. à s. d'huile d'olive
1 c. à s. de gingembre frais râpé
1 oignon haché
390 g d'orge perlé
500 g de potiron pelé et détaillé en petits dés
25 g de parmesan frais finement râpé
200 g de feta grossièrement émiettée
1 c. à s. de thym frais haché
poivre noir concassé

Versez le bouillon et le vin dans une casserole. Portez à ébullition, puis baissez le feu et laissez frémir.

Chauffez l'huile d'olive dans une autre casserole. Ajoutez le gingembre et l'oignon et laissez dorer 5 minutes à feu moyen. Ajoutez l'orge et poursuivez la cuisson 2 minutes. Incorporez le potiron et 12,5 cl de bouillon, et laissez cuire en remuant régulièrement. Lorsque l'orge a absorbé presque tout le liquide, versez une nouvelle louche de bouillon et continuez jusqu'à ce qu'il n'y en ait plus. L'orge doit être tendre à l'intérieur mais légèrement croquant sous la dent.

Incorporez le parmesan, la feta et le thym. Poivrez généreusement et servez aussitôt.

Salade de pois chiches au canard et aux olives

Je préfère les pois chiches cuits maison qui sont plus fermes que ceux en boîte. Dans cette recette, vous pourrez remplacer les pousses de tournesol par n'importe quel type de pousse de belle taille. Le sumac est généralement vendu dans les épiceries orientales. Si vous n'en trouvez pas, ajoutez un peu plus de jus de citron à la sauce.

Pour 4 personnes
20 minutes de préparation
1 nuit de trempage
45 minutes à 1 heure de cuisson

250 g de pois chiches secs
1 c. à s. d'huile d'olive
2 filets de canard
150 g d'olives vertes
200 g de haricots verts blanchis
2 oranges détaillées en quartier
50 g de noix de cajou grillées
100 g de pousses de tournesol ou de pousses de poireau
100 g de mâche
1 oignon rouge finement émincé

Pour la sauce
1 gousse d'ail, pilée
2 c. à c. de paprika doux
2 c. à c. de sumac moulu
1 c. à c. de sucre en poudre
2 c. à s. de jus de citron
7,5 cl d'huile d'olive vierge extra

Couvrez les pois chiches d'eau froide et laissez-les tremper une nuit. Égouttez-les et rincez-les, puis transférez-les dans une casserole. Couvrez-les à nouveau d'eau, portez à ébullition, laissez bouillir 10 minutes. Baissez le feu et laissez frémir 40 minutes à 1 heure. Chauffez l'huile dans une poêle et laissez cuire les filets de canard à feu moyen. La peau doit être dorée et croustillante, la chair bien tendre. Laissez reposer les filets 5 minutes avant de les trancher.

Mélangez doucement les pois chiches, le canard émincé, les olives, les haricots verts, l'orange, les noix de cajou, les pousses de tournesol, la mâche et l'oignon. Battez le jus de citron, avec l'huile d'olive, l'ail, le paprika, le sumac et le sucre. Nappez la salade de cette sauce et remuez pour en enrober tous les ingrédients. Servez aussitôt.

Uppama

L'uppama est un plat populaire du sud de l'Inde qui s'apparente au risotto pour la méthode et au pilaf pour la consistance. Il faudra le faire cuire jusqu'à ce que les grains s'apparentent à du couscous. Dans cette recette, on peut varier les légumes à volonté. L'uppama est délicieux chaud ou froid.

Pour 6 personnes
20 minutes de préparation
15 minutes de cuisson

3 c. à s. d'huile végétale
1 c. à c. de graines de moutarde brune
1 piment rouge séché
1 c. à s. de pois cassés jaunes
10 feuilles de curry
1 petit oignon rouge finement haché
180 g de semoule (gros grains) ou de couscous
2 courgettes finement hachées
100 g de chou chinois, finement émincé
155 g de petits pois frais ou congelés
200 g d'asperges hachées
200 g de haricots verts coupés en morceaux
50 g de noix de cajou grillées
2 c. à s. de coriandre ciselée

Pour servir
yaourt nature

Chauffez l'huile dans un wok ou dans une grande poêle, et faites revenir les graines de moutarde 2 minutes à feu moyen. Lorsqu'elles sautent, ajoutez le piment et les pois cassés. Laissez cuire jusqu'à ce que ces derniers changent de couleur. Ajoutez alors les feuilles de curry et l'oignon et poursuivez la cuisson 5 minutes.

Incorporez la semoule et laissez revenir 5 minutes. Quand les grains sont dorés, baissez le feu à basse température et incorporez 40 cl d'eau bouillante. Procédez louche par louche, tout en remuant jusqu'à l'absorption complète du liquide après chaque louche. Quand tout le liquide est absorbé, cassez les grumeaux qui se seraient formés.

Ajoutez les courgettes, le chou chinois, les petits pois, les asperges, les haricots verts et les noix de cajou. Laissez cuire 5 minutes, puis incorporez la coriandre. Servez l'uppama accompagné du yaourt.

Salade de légumes grillés et d'orge perlé

L'ORGE EST ESSENTIEL À LA FABRICATION DE LA BIÈRE ET DU WHISKY PUISQUE C'EST À PARTIR DE SA TRANSFORMATION QUE L'ON OBTIENT LE MALT. DÉBARRASSÉ DU SON, L'ORGE PERLÉ CUIT PLUS VITE QUE LE GRAIN ENTIER, QUI DEMANDE UNE NUIT DE TREMPAGE ET UN TEMPS DE CUISSON PLUS LONG.

POUR 4 PERSONNES
20 MINUTES DE PRÉPARATION
1 HEURE DE CUISSON

440 g d'orge perlé
1 poivron rouge
400 g de potiron pelé et détaillé en gros cubes
2 oignons rouges détaillés en quartiers
2 courgettes émincées en rondelles épaisses
2 c. à s. d'huile d'olive
2 gousses d'ail pilées
400 g de flageolets en boîte rincés et égouttés
3 c. à s. de pesto

Préchauffez le four à 200 °C (th. 6-7). Faites cuire l'orge 40 minutes dans une grande casserole d'eau et égouttez-le soigneusement.

Mettez le poivron, le potiron, les oignons et les courgettes dans un grand plat à gratin. Arrosez d'huile d'olive et parsemez d'ail. Enfournez 40 minutes.

Mettez l'orge, les légumes, les flageolets et le pesto dans un saladier et mélangez doucement avant de servir.

Steaks de poivron rouge, de blé noir et de cannellini

Une fois grillé, le sarrasin porte aussi le nom de kasha. C'est une céréale délicieuse dans les steaks, comme ici, mais aussi dans la farce d'une viande ou d'une volaille.

Pour 12 steaks
15 minutes de préparation
30 minutes de refroidissement
40 minutes de cuisson

2 poivrons rouges
95 g de sarrasin
400 g de haricots cannellini en boîte rincés, égouttés et réduits en purée
3 oignons nouveaux hachés
60 g de graines de tournesol grossièrement concassées
80 g de graines de sésame grillées
30 g de basilic ciselé
½ c. à c. d'huile de sésame
huile d'olive

Pour servir
chutney
salade de pousses variées

Préchauffez le gril à température élevée. Passez les poivrons sous le gril. Quand la peau cloque et noircit, transférez-les dans un sac plastique et laissez tiédir. Pelez les poivrons, jetez la peau et hachez grossièrement la pulpe.

Faites cuire le sarrasin 10 minutes dans une grande casserole d'eau bouillante et égouttez-le soigneusement. Dans un grand saladier, mélangez le sarrasin, les haricots, les oignons nouveaux, le poivron, la moitié des graines de tournesol et la moitié des graines de sésame, le basilic et l'huile de sésame. Humectez vos doigts et confectionnez 12 steaks de cette préparation. Dans une assiette, roulez les steaks dans l'autre moitié des graines de tournesol pour bien les en enrober et réservez 30 minutes au réfrigérateur pour qu'ils soient fermes.

Chauffez l'huile dans une poêle antiadhésive et saisissez les steaks 3 à 5 minutes sur chaque face, en procédant en plusieurs tournées. Ils doivent être dorés, croustillants et cuits à cœur. Servez les steaks accompagnés du chutney et de la salade de pousses.

Cassolette de champignons en purée de polenta

LA POLENTA EST UNE CÉRÉALE DE BASE EN ITALIE DONT L'ESPRIT INSPIRE CETTE RECETTE. ASSUREZ-VOUS QUE L'EAU BOUT À GROS BOUILLONS AVANT D'Y JETER LA POLENTA ET REMUEZ BIEN POUR QUE LES GRAINS NE S'AMALGAMENT PAS AU FOND DE LA CASSEROLE. VOUS POUVEZ LAISSER PRENDRE LA POLENTA SUR UNE PLAQUE À PÂTISSERIE, LA FAIRE GRILLER ET LA SERVIR RECOUVERTE DE LÉGUMES GRILLÉS AU BARBECUE.

POUR 4 À 6 PERSONNES
15 MINUTES DE PRÉPARATION
20 MINUTES DE REPOS
30 MINUTES DE CUISSON

300 g de polenta blanche ou de grosse mouture
30 g de champignons porcini (ou cèpes) déshydratés
2 c. à s. d'huile d'olive
300 g de champignons variés émincés
2 gousses d'ail pilées
12,5 cl de vin blanc sec
30 cl de crème liquide
1 c. à s. de thym frais haché
50 g de beurre
100 g de pecorino râpé
sel de mer et poivre noir du moulin

Portez 1,5 litre d'eau à ébullition dans une grande casserole. Versez peu à peu la polenta dans l'eau bouillante. Réduisez le feu et laissez cuire, en remuant de temps en temps, jusqu'à ce que la polenta épaississe et se détache des bords de la casserole. Couvrez et tenez au chaud.

Mettez les champignons dans un récipient, couvrez de 6 cl d'eau chaude et laissez tremper 20 minutes.

Chauffez l'huile dans une poêle et faites revenir les champignons à feu moyen. Ajoutez l'ail, le vin blanc et les champignons avec leur jus. Laissez cuire jusqu'à évaporation du vin blanc, puis incorporez la crème et le thym. Poursuivez la cuisson 5 minutes. Quand la sauce commence à épaissir, salez et poivrez. Incorporez le beurre et le pecorino dans la polenta et nappez de la sauce aux champignons.

Salade de gingembre et riz complet au poulet

LE RIZ COMPLET EST UN RIZ DÉBARRASSÉ D'UNE PARTIE DE SON ENVELOPPE (LE GLUME), MAIS PAS DU SON, C'EST POURQUOI IL EST BEAUCOUP PLUS NUTRITIF QUE LE RIZ BLANC. IL CUIT DEUX FOIS PLUS LONGTEMPS QUE CE DERNIER. PERSONNELLEMENT, JE PRÉPARE LE RIZ COMPLET DANS UN CUISEUR À RIZ. AINSI JE SUIS CERTAINE QU'IL NE VA PAS MANQUER D'EAU ET ATTACHER AU FOND DE LA CASSEROLE.

POUR 4 PERSONNES
30 MINUTES DE PRÉPARATION
40 MINUTES DE CUISSON

4 blancs de poulet bio 4 c. à s. de sambal olek ou autre purée de piment
220 g de riz complet cuit et refroidi
400 g de haricots de soja en boîte rincés et égouttés
200 g de pousses de haricots mungo
2 c. à s. de graines de sésame grillées
1 petit oignon rouge détaillé en petits dés
1 tomate finement hachée
2 c. à s. de gingembre mariné émincé
2 c. à s. de menthe ciselée
2 c. à s. de vinaigre de riz complet
1 c. à s. de sauce de soja
1 c. à c. d'huile de sésame
1 c. à c. de sucre en poudre
1 gousse d'ail pilée
¼ de c. à c. de sel
12,5 cl de yaourt nature

Réglez le gril à température élevée. Préchauffez le four à 200 °C (th. 6-7). Frottez le poulet de **sambal olek**, disposez-le sur la plaque du four et laissez-le 10 minutes sous le gril. Quand il est bien doré, transférez-le dans un plat et poursuivez la cuisson 20 à 25 minutes dans le four. Le jus du poulet doit être clair quand on pique une brochette au cœur de la viande. Laissez reposer.

Dans un grand saladier, mélangez le riz complet, les haricots de soja, les pousses de haricots mungo, les graines de sésame, l'oignon, la tomate, le gingembre et la menthe. Dans un autre récipient, battez le vinaigre avec la sauce de soja, l'huile de sésame et le sucre. Nappez la salade de cette sauce. Mélangez l'ail, le sel et le yaourt dans un bol. Servez le poulet accompagné de la salade et de la sauce au yaourt.

Chorizo aux lentilles vertes du Puy

Les lentilles vertes du Puy sont des petites lentilles couleur vert ardoise qu'il est inutile de faire tremper et qui tiennent très bien à la cuisson, à condition de ne pas la prolonger plus que nécessaire. De toutes les lentilles, ce sont les plus riches en minéraux.

Pour 4 personnes
15 minutes de préparation
35 minutes de cuisson

2 c. à s. d'huile d'olive
4 chorizos coupés en rondelles
1 oignon haché
1 carotte détaillée en petits dés
1 branche de céleri détaillée en petits dés
100 g de pancetta en tranches
2 gousses d'ail pilées
2 feuilles de laurier
½ c. à c. de paprika fumé
12,5 cl de vin blanc
250 g de lentilles vertes du Puy
2 c. à s. de persil plat, ciselé
huile d'olive vierge extra
sel de mer et poivre noir du moulin

Chauffez l'huile dans une grande casserole et faites dorer le chorizo à feu moyen. Sortez le chorizo de la casserole et égouttez-le sur du papier absorbant. Ajoutez l'oignon, la carotte, le céleri et la pancetta. Poursuivez la cuisson 5 minutes. Incorporez l'ail le laurier, le paprika fumé et le vin blanc, puis portez le tout à ébullition.

Quand presque tout le vin s'est évaporé, ajoutez 1 litre d'eau et portez à nouveau à ébullition. Incorporez les lentilles et le chorizo, réduisez le feu et laissez frémir 20 à 30 minutes. Salez et poivrez. Servez ce plat saupoudré de persil, arrosé d'un filet d'huile d'olive.

Salade de haricots mélangés et de tomates grillées

Les cornilles ou doliques à œil noirs sont un classique dans la cuisine du sud des États-Unis. On les sert généralement pour le réveillon de fin d'année avec du riz et du bacon dans la recette du Hoppin John, date à laquelle ils sont censés porter bonheur.

Pour 4 à 6 personnes
20 minutes de préparation
1 nuit de trempage
50 minutes de cuisson

80 g de cornilles secs
6 tomates coupées en deux
1 tête d'ail en chemise
400 g de haricots borlotti en boîte rincés et égouttés
400 g de haricots de Lima en boîte rincés et égouttés
200 g d'olives variées marinées
100 g de grosses câpres
100 g de roquette
40 g de feuilles de basilic détaillées à la main
6 anchois grossièrement hachés (facultatif)
3 c. à s. d'huile d'olive
2 c. à s. de vinaigre balsamique

Faites tremper les cornilles une nuit entière dans un grand volume d'eau froide. Égouttez-les et rincez-les sous l'eau du robinet.

Préchauffez le four à 180 °C (th 5-6). Mettez les cornilles dans une casserole, couvrez d'eau froide et portez à ébullition. Laissez bouillir 10 minutes, puis réduisez le feu et poursuivez la cuisson 40 minutes.

Pendant ce temps, mettez les tomates avec l'ail sur la plaque du four, enfournez 30 minutes. Laissez l'ail refroidir avant de le peler.

Disposez les tomates autour du plat de service. Dans un saladier, mélangez les cornilles, les haricots borlotti, les haricots de Lima, l'ail, les olives, les câpres, la roquette, le basilic et les anchois. Fouettez l'huile et le vinaigre, versez cette sauce dans la salade et remuez bien le tout. Présentez la salade au milieu des tomates pour servir.

Soupe de pois cassés au jambonneau

Les pois cassés offrent deux avantages : il n'est pas nécessaire de les faire tremper et ils apportent du crémeux à un plat. Cette soupe de pois cassés est préparée avec la variété verte. On peut cependant remplacer les pois cassés verts par des jaunes dans toutes les recettes.

Pour 4 à 6 personnes
10 minutes de préparation
1 heure 40 minutes de cuisson

1 c. à s. d'huile d'olive
1 oignon haché
1 carotte hachée
2 branches de céleri hachées
1 jambonneau cru
1 feuille de laurier
200 g de pois cassés verts
sel et poivre noir du moulin

Pour servir
1 baguette croustillante

Chauffez l'huile dans une cocotte et faites fondre l'oignon 5 minutes à feu moyen. Ajoutez la carotte et le céleri et poursuivez la cuisson 5 minutes.

Ajoutez le jambonneau, 1,5 litre d'eau et la feuille de laurier et portez à ébullition. Versez dedans les pois cassés et laissez cuire 1 heure 30 à couvert.

Quand la viande se détache de l'os, sortez le jambonneau, récupérez la viande sur l'os, jetez ce dernier. Émiettez la viande grossièrement avant de la remettre dans la cocotte. Salez et poivrez. Servez la soupe accompagnée d'une baguette bien croustillante.

Salade de pousses variées au riz et aux crevettes

Pour cette recette, il vous faudra 65 g de riz non cuit pour 185 g de riz cuit. Choisissez un beau riz bien sec.

Pour 4 personnes
30 minutes de préparation
5 minutes de cuisson

1 c. à s. d'huile d'arachide
300 g de crevettes crues décortiquées
185 g de riz au jasmin cuit
100 g de germes de soja
50 g de germes de haricots mungo
3 oignons nouveaux émincés
200 g de tomates cerises coupées en deux
50 g de haricots de soja secs grillés (ou de cacahuètes grillées)
15 g de feuilles de coriandre
10 g de feuilles de menthe
1 gros piment rouge finement émincé

Pour l'assaisonnement
1 c. à s. de sauce de piment doux
1 c. à s. de sauce de soja
1 c. à s. de jus de citron vert
½ c. à c. d'huile de sésame

Chauffez l'huile d'arachide dans une poêle et faites revenir les crevettes 5 minutes à feu moyen. Quand elles sont roses, égouttez les crevettes sur du papier absorbant.

Mélangez le riz, les germes de soja, les germes de haricots mungo, les oignons nouveaux, les tomates, les haricots de soja, la coriandre, la menthe, le piment et les crevettes dans un grand saladier.

Préparez l'assaisonnement. Mélangez la sauce de piment doux avec la sauce de soja, le jus de citron vert et l'huile de sésame. Versez-la sur la salade et remuez doucement.

Pain aux lentilles et aux noix de cajou

Pour cette recette, vous avez le choix entre des lentilles brunes ou des lentilles vertes. Cependant évitez les lentilles vertes du Puy car elles ne s'amalgameraient pas. La cuisson des lentilles dépend de leur âge : plus elles sont vieilles, plus elles sont longues et difficiles à cuire.

Pour 6 à 8 personnes
30 minutes de préparation
1 heure 40 minutes de cuisson

250 g de lentilles
1 c. à s. d'huile d'olive
1 oignon finement haché
1 carotte finement râpée
200 g de chou-fleur finement haché
1 c. à c. de curry en poudre
45 g de germes de blé
50 g de chapelure de pain complet
60 g de noix de cajou grillées, concassées
2 c. à s. d'herbes aromatiques variées ciselées (menthe, coriandre ou autres)
1 œuf légèrement battu
1 c. à s. de jus de citron
beurre (pour le moule)

Préchauffez le four à 180 °C (th. 5-6). Graissez un moule à cake de 14 cm x 21 cm et chemisez-le de papier sulfurisé.

Faites cuire les lentilles 1 heure 40 dans 1 litre d'eau. Égouttez-les soigneusement.

Chauffez l'huile dans une poêle et faites-y dorer l'oignon 5 minutes à feu moyen. Ajoutez la carotte, le chou-fleur, le curry et 3 c. à s. d'eau. Laissez cuire jusqu'à ce que le chou-fleur soit tendre en ajoutant de l'eau si nécessaire.

Mélangez soigneusement les lentilles, les légumes, les germes de blé, la chapelure, les noix de cajou, les herbes, l'œuf et le jus de citron dans un grand récipient. Tassez cette préparation dans le moule, puis enfournez 30 minutes en couvrant de papier sulfurisé ou de papier d'aluminium. Découvrez et poursuivez la cuisson 10 minutes. Laissez le pain refroidir légèrement avant de démouler et de servir.

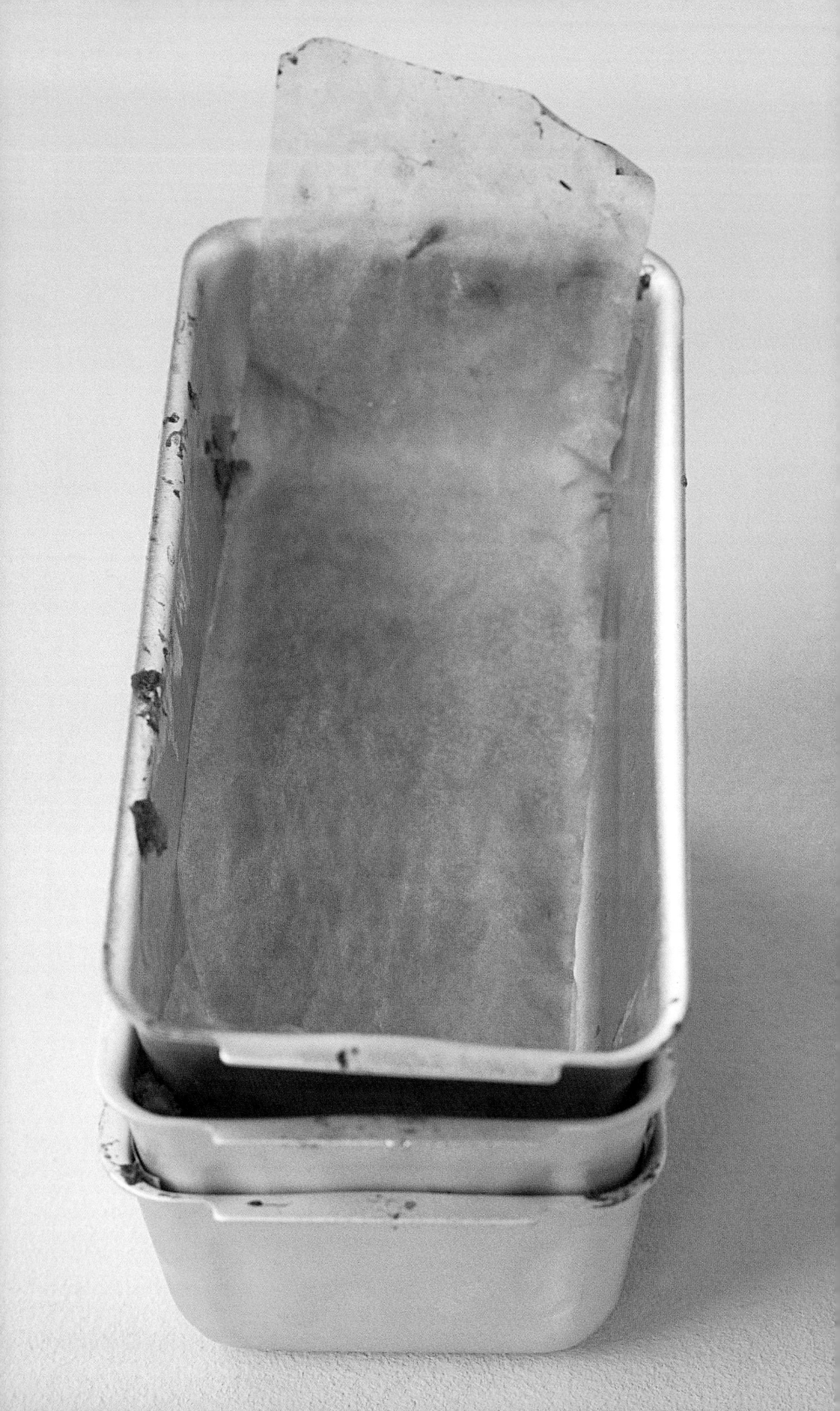

Boulettes de riz à la ciboulette

LE RIZ ARBORIO EST UN RIZ ITALIEN RICHE EN AMIDON AVEC LEQUEL ON PRÉPARE LE RISOTTO. SES GRAINS PEUVENT ABSORBER UNE GRANDE QUANTITÉ DE LIQUIDE SANS TOURNER EN BOUILLIE, OFFRANT UN RIZ DÉLICIEUSEMENT ONCTUEUX.

POUR 6 PERSONNES (18 BOULETTES)
30 MINUTES DE PRÉPARATION
30 MINUTES DE CUISSON

4 c. à s. d'huile d'olive
1 c. à s. de beurre
1 oignon haché
500 g de riz arborio
12,5 cl de vin blanc
75 cl de bouillon de poulet
1 c. à s. de zeste de citron
2 c. à s. de ciboulette ciselée
2 c. à s. de parmesan frais râpé
1 blanc d'œuf légèrement battu
sel de mer et poivre noir du moulin

Pour servir
200 g de saumon fumé, en tranches
1 avocat émincé
10 cl de crème fraîche
quartiers de citron

Dans une casserole, chauffez 2 c. à s. d'huile d'olive et le beurre à feu moyen et laissez fondre l'oignon 5 minutes. Ajoutez le riz et laissez-le cuire 2 minutes, en remuant. Quand les grains sont translucides, ajoutez le vin et continuez de remuer jusqu'à ce que ce dernier réduise de moitié. Incorporez alors le bouillon et portez à ébullition, puis réduisez le feu et laissez mijoter 20 minutes à couvert, en remuant en milieu de cuisson.

Retirez la casserole du feu et incorporez le zeste de citron, la ciboulette et le parmesan. Laissez refroidir puis ajoutez le blanc d'œuf. Salez et poivrez. Mélangez bien le tout. Humectez vos doigts et formez 18 boules de cette préparation.

Chauffez 2 c. à s. d'huile dans une poêle antiadhésive et saisissez les boulettes 3 minutes à feu moyen pour qu'elles soient croustillantes et bien dorées. Servez-les accompagnées du saumon, de l'avocat, de la crème fraîche et des quartiers de citron.

Salade de pousses de tournesol et de haricots mungo aux graines de sésame

LES HARICOTS MUNGO SONT UN CLASSIQUE DE LA CUISINE ASIATIQUE. ON EN FAIT DE LA FARINE POUR LES NOUILLES, MAIS ON LES UTILISE ÉGALEMENT CUITS DANS LES DESSERTS ET LES SOUPES. LEUR MERVEILLEUSE SAVEUR ET LEUR FERMETÉ EN FONT AUSSI UN INGRÉDIENT DE CHOIX DANS LES SALADES.

POUR 4 PERSONNES
20 MINUTES DE PRÉPARATION
45 MINUTES DE CUISSON

105 g de germes de haricots mungo
1 épi de maïs (ou 150 g de grains de maïs en boîte)
3 c. à s. de graines de sésame
2 carottes râpées
100 g de pousses de tournesol
3 c. à s. de coriandre ciselée et quelques feuilles pour garnir

Pour l'assaisonnement
2 c. à s. de vinaigre de riz complet
1 c. à s. de mirin
1 c. à c. de tamarin
1 c. à c. d'huile de sésame

Mettez les haricots mungo dans une casserole, couvrez d'eau froide et laissez cuire 40 minutes. Attention, ne prolongez pas la cuisson où ils tourneraient en bouillie. Rincez les haricots sous l'eau. Égouttez et réservez.

Faites cuire le maïs de sorte qu'il soit bien tendre et laissez le refroidir légèrement avant de détacher les grains de l'épi. Mettez les haricots mungo, les grains de maïs, les graines de sésame, les carottes râpées, les pousses de tournesol et la coriandre dans un grand récipient et mélangez le tout. Préparez la sauce avec le vinaigre de riz complet, le mirin, le tamarin et l'huile de sésame, versez-la sur la salade et remuez soigneusement. Servez la salade garnie de quelques feuilles de coriandre.

Pavé de ricotta aux épinards et aux lentilles corail

Moins longues à cuire que les autres lentilles, les corail ont cependant tendance à tourner en bouillie. Il faudra donc surveiller leur cuisson de près. Trop humide, ce pavé se déferait au moment de le trancher. Mon conseil : graissez le moule à l'huile d'olive.

Pour 4 à 6 personnes
60 minutes de préparation
30 minutes de cuisson

400 g de lentilles corail sèches
2 c. à s. d'huile d'olive
2 oignons rouges émincés
2 c. à s. de vinaigre balsamique
200 g de pousses d'épinard
35 g de parmesan frais finement râpé
250 g de ricotta fraîche
½ c. à s. de romarin ciselé
½ c. à s. de sauge ciselée
1 c. à s. de jus de citron
2 œufs légèrement battus
1 c. à c. de poivre noir moulu
50 g de chapelure fraîche
huile d'olive (pour le moule)

Préchauffez le four à 180 °C (th. 5-6). Graissez légèrement un moule peu profond de 10 cm x 23 cm et chemisez-le de papier sulfurisé. Mettez les lentilles dans une grande casserole, ajoutez 1 litre d'eau, portez à ébullition, puis baissez le feu et laissez frémir 10 à 20 minutes. Égouttez-les et laissez refroidir.

Chauffez l'huile dans une poêle à feu moyen et faites fondre les oignons 10 minutes. Ajoutez le vinaigre. Poursuivez la cuisson 2 minutes, de sorte que les oignons soient caramélisés. Laissez refroidir.

Lavez et hachez grossièrement les épinards. Mettez-les dans une casserole, couvrez et laissez cuire à l'étuvée 3 à 5 minutes à feu moyen. Réservez et laissez tiédir avant de presser les épinards entre les mains pour extraire l'eau dont ils se sont gorgés.

Mettez la moitié du parmesan, toute la ricotta, le romarin, la sauge, le jus de citron, les œufs, le poivre et la chapelure dans un récipient et mélangez le tout.

Versez la préparation dans le moule et saupoudrez du reste de parmesan râpé. Enfournez 35 minutes. Laissez le pavé de ricotta tiédir avant de le trancher.

Soupe de haricots noirs aux œufs durs et au jambon

Les haricots noirs sont un classique en Amérique du Sud et en Amérique Centrale. Interchangeables avec les haricots rouges, ils sont souvent utilisés pour la préparation des haricots frits. Cette recette s'inspire de la célèbre soupe mexicaine de haricots noirs.

Pour 4 personnes
15 minutes de préparation
1 nuit de trempage
1 heure 10 minutes de cuisson

195 g de haricots noirs secs
1 c. à s. d'huile d'olive
1 oignon, finement haché
1 carotte hachée
1 branche de céleri hachée
1 piment vert épépiné et haché
1 os de jambon
1 litre de bouillon de poulet
400 g de tomates concassées
1 feuille de laurier
1 c. à s. de mélasse
2 œufs durs coupés en deux
2 c. à s. de basilic ciselé
sel de mer et poivre noir du moulin

Laissez tremper les haricots une nuit dans un grand volume d'eau froide. Égouttez-les et rincez-les. Chauffez l'huile dans une grande casserole et laissez dorer l'oignon 5 minutes, puis ajoutez la carotte, le céleri et le piment. Poursuivez la cuisson 5 minutes.

Ajoutez l'os de jambon, le bouillon, 50 cl d'eau, les tomates et le laurier et portez à ébullition. Incorporez les haricots et laissez cuire encore 1 heure à couvert. La viande doit se détacher de l'os. Sortez l'os de la casserole, récupérez toute la viande restée dessus, jetez l'os et remettez la viande dans la casserole.

Ajoutez la mélasse. Salez et poivrez. Servez cette soupe en bols individuels, agrémentés chacun de la moitié d'un œuf dur. Saupoudrez de basilic.

Croquettes de pois chiches et jambon cru

On pourra varier cette recette en remplaçant les pois chiches par n'importe quel haricot sec. Ces croquettes sont délicieuses chaudes ou froides.

Pour 4 personnes (8 croquettes)
30 minutes de préparation
25 minutes de cuisson

1 c. à s. d'huile d'olive
1 oignon finement haché
1 pomme de terre pelée et râpée
1 c. à c. de cumin moulu
100 g de jambon cru haché
400 g de pois chiches en boîte rincés, égouttés et réduits en purée
4 c. à s. de farine avec levure incorporée
1 c. à s. de persil ciselé
1 œuf, légèrement battu
400 g d'asperges cuites à la vapeur et détaillées en tronçons de 5 cm
100 g de pousses de tournesol
1 petit bulbe de fenouil finement émincé
huile d'olive (pour la poêle)

Pour la sauce
1 c. à s. d'huile d'olive
1 c. à c. d'huile de sésame
1 ½ c. à s. de vinaigre de riz
2 c. à s. de jus de citron vert
1 c. à c. de tahini (pâte de graines de sésame)
1 c. à c. de miso d'orge (mugi miso)

Dans une poêle antiadhésive, faites fondre à feu moyen l'oignon 5 minutes dans 2 c. à soupe d'huile. Ajoutez la pomme de terre, le cumin et le jambon cru. Laissez cuire 5 minutes. Versez le tout dans un récipient. Incorporez les pois chiches, la farine, le persil et l'œuf. Humectez vos doigts et formez 8 croquettes.

Dans une poêle, faites revenir à feu moyen les croquettes environ 5 minutes sur chaque face dans l'huile chaude.

Préparez la sauce avec l'huile d'olive, l'huile de sésame, le vinaigre de riz, la sauce de citron vert, le tahini et le mugi miso. Mettez les asperges, les pousses de tournesol et le fenouil dans un grand saladier. Versez la sauce sur la salade et remuez. Servez en présentant un peu de salade sur chaque croquette.

Croquettes de boulgour au miel

Si le boulgour est souvent appelé blé concassé, il faut savoir que c'est un abus de langage. En effet, le blé concassé est fait à partir de grains entiers brisés tandis que le boulgour est un blé précuit plusieurs fois à la vapeur, séché, vanné, décortiqué puis concassé en fine ou grosse mouture. Débarrassé du son, il suffit juste de le faire tremper, contrairement au blé concassé que l'on doit faire bouillir 20 minutes.

Pour 4 personnes
30 minutes de préparation
45 minutes de cuisson

90 g de boulgour
500 g de patates douces à chair orange pelées et râpées
1 oignon rouge râpé
1 gousse d'ail pilée
100 g de feta émiettée
2 œufs légèrement battus
2 c. à s. de menthe ciselée
2 c. à s. d'aneth ciselé
80 g à 100 g de farine de riz
2 à 3 c. à s. de miel liquide
250 g de cerneaux de noix
½ c. à c. de mélange cinq-épices
200 g de mesclun
25 cl de yaourt nature
huile d'olive (pour la poêle)

Versez le boulgour dans un saladier, couvrez de 25 cl d'eau bouillante et laissez gonfler 15 minutes, jusqu'à évaporation complète du liquide. Mélangez soigneusement le boulgour, la patate douce, l'oignon, l'ail, la feta, les œufs, la menthe, l'aneth et la farine dans un grand récipient. Humectez vos doigts et formez 4 croquettes de cette préparation.

Chauffez l'huile dans une poêle et laissez-y revenir les croquettes 3 minutes sur chaque face puis égouttez-les sur du papier absorbant.

Faites chauffer le miel dans une autre poêle, ajoutez les cerneaux de noix et laissez griller pendant 3 minutes. Incorporez le mélange cinq-épices, augmentez légèrement le feu et poursuivez la cuisson en remuant afin que le miel enrobe les cerneaux.

Disposez le mesclun sur un grand plat de service et parsemez dessus les cerneaux de noix tiédis. Arrangez les croquettes sur le mesclun et arrosez de yaourt.

Dal aux lentilles corail

LE DAL PEUT AUSSI SE PRÉPARER AVEC DES POIS CASSÉS OU AVEC TOUT AUTRE LÉGUME SEC. SURVEILLEZ ATTENTIVEMENT LA CUISSON POUR NE PAS LAISSER L'EAU S'ÉVAPORER SINON LES LENTILLES VONT ATTACHER DANS LE FOND DE LA CASSEROLE. LES LENTILLES CORAIL SONT À MON AVIS LA VARIÉTÉ IDÉALE POUR CE PLAT CAR ELLES CUISENT RAPIDEMENT ET SONT DÉLICIEUSEMENT FONDANTES.

POUR 4 PERSONNES
10 MINUTES DE PRÉPARATION
35 MINUTES DE CUISSON

250 g de lentilles corail sèches
1 oignon finement haché
1 piment vert finement haché
2 tomates bien mûres concassées
25 cl de lait de coco
1 c. à c. de cumin moulu
1 c. à c. de coriandre moulue
1 c. à c. de garam masala
½ c. à c. de curcuma
2 c. à s. d'huile d'arachide
1 c. à c. de graines de fenouil
1 c. à c. de graines de moutarde brune
1 oignon rouge haché
10 feuilles de curry
1 c. à c. de sel
sel

Versez 50 cl d'eau dans une casserole. Ajoutez les lentilles, l'oignon, le piment, les tomates, le lait de coco, le cumin, la coriandre, le garam masala et le curcuma. Portez le tout à ébullition, puis réduisez le feu et laissez mijoter 25 minutes, pour des lentilles bien fondantes.

    Faites chauffer l'huile dans une poêle, jetez-y les graines de fenouil et les graines de moutarde et laissez-les cuire jusqu'à ce qu'elles sautent. Ajoutez alors l'oignon rouge et les feuilles de currry et poursuivez la cuisson à feu moyen. Quand l'oignon fond, incorporez ce mélange aux lentilles et prolongez la cuisson 5 minutes. Salez et servez aussitôt.

Salade de fèves au riz rouge et au saumon

J'AI DÉCOUVERT LE RIZ ROUGE AU SRI LANKA IL Y A HUIT ANS, ET JE M'ÉTONNE QU'IL SOIT ENCORE AUSSI PEU CONNU DANS LE RESTE DU MONDE. LES SRI LANKAIS LE SERVENT À CHAQUE REPAS ET JE FERAIS VOLONTIERS DE MÊME S'IL M'ÉTAIT PLUS FACILE D'EN TROUVER. LE NOM DE CE RIZ N'EST PAS TROMPEUR : IL S'AGIT EFFECTIVEMENT DE GRAINS ROUGES, QUI ONT TENDANCE À S'OUVRIR À LA CUISSON POUR RÉVÉLER UN CŒUR BLANC. ON LE TROUVE GÉNÉRALEMENT DANS LES ÉPICERIES INDIENNES ET LES MAGASINS DE PRODUITS EXOTIQUES, MAIS DANS LE CAS CONTRAIRE, ON PEUT AUSSI LE REMPLACER PAR UN RIZ ROUGE DE CAMARGUE.

POUR 4 PERSONNES
35 MINUTES DE PRÉPARATION
30 MINUTES DE CUISSON

200 g de riz rouge
200 g de fèves fraîches ou congelées, pelées
3 oignons nouveaux émincés
1 c. à s. d'algues wakamé déshydratées plongées 5 minutes dans 4 c. à s. d'eau bouillante (facultatif)
2 c. à s. de cacahuètes grillées, concassées
25 g de feuilles de coriandre
2 c. à s. de mirin
2 c. à s. de ketjap manis ou de sauce de soja
4 filets de saumon

Pour l'assaisonnement
1 piment rouge, épépiné et détaillé en lanières
1 c à s. de sucre de palme râpé ou de sucre roux
2 c. à s. de sauce de poisson thaïe (nam pla)
2 c. à s. de jus de citron vert
2 c. à c. de vinaigre de riz

Mettez le riz dans une casserole avec 1 litre d'eau, portez à ébullition et laissez cuire 20 minutes. Quand il est cuit, mais ferme sous la dent, égouttez-le soigneusement dans une passoire et refroidissez-le en passant la passoire sous l'eau du robinet. Versez le riz dans un grand saladier.

Dans une casserole, portez 50 cl d'eau à ébullition, ajoutez les fèves et laissez cuire 2 à 3 minutes. Égouttez-les et rafraîchissez-les à l'eau froide, puis incorporez les fèves, les oignons nouveaux, les algues wakamé, les cacahuètes et la coriandre dans le riz.

Faites chauffer le mirin et le ketjap manis dans une poêle. Aux premiers bouillons, ajoutez les filets de saumon et saisissez-les 2 minutes sur chaque face. Réservez le saumon et laissez-le tiédir avant de le détailler en gros morceaux et de l'incorporer à la salade de riz.

Préparez l'assaisonnement en mélangeant le piment rouge, le sucre de palme, la sauce de poisson, le jus de citron vert et le vinaigre de riz. Nappez-en la salade et remuez bien le tout. Servez en présentant le saumon sur la salade de riz.

Salade de moughrabieh

Très présent dans la cuisine libanaise, le moughrabieh se présente sous la forme de boulettes de semoule. S'il vous fait défaut, remplacez-le par du couscous instantané ou par un couscous au grain plus fin. Ces petites boulettes sont délicieuses en salade, dans une soupe ou un ragoût.

Pour 4 à 6 personnes
20 minutes de préparation
1 heure de cuisson

3 c. à s. d'huile d'olive
2 oignons rouges, finement émincés
½ c. à c. de piment de la Jamaïque
500 g de potiron pelé et haché
305 g de moughrabieh
400 g de pois chiches en boîte rincés et égouttés
2 c. à s. de raisins de Smyrne (raisins secs blonds)
2 c. à s. d'amandes effilées grossièrement concassées
2 c. à s. de copeaux de noix de coco
25 g de coriandre ciselée
25 g de menthe ciselée
1 c. à s. de citron en saumure coupés en petits morceaux
2 gousses d'ail pilées
1 c. à c. de cannelle en poudre
½ c. à c. piment en poudre
2 c. à s. de miel liquide
2 c. à s. de jus de citron

Pour servir
yaourt nature
harissa

Préchauffez le four à 200 °C (th. 6-7). Dans une poêle à feu moyen, faites chauffer 1 c. à s. d'huile, ajoutez l'oignon et le piment de la Jamaïque et laissez cuire 10 minutes de sorte que l'oignon soit caramélisé. Enfournez le potiron 20 minutes au four. Faites cuire le moughrabieh 10 à 15 minutes dans un grand volume d'eau bouillante. Ajoutez les oignons, le potiron, les pois chiches, les raisins, les amandes, la noix de coco, la coriandre et la menthe. Mélangez délicatement.

    Battez le citron en saumure avec l'ail, la cannelle, le piment, le miel, le jus de citron et le reste d'huile. Nappez le couscous de sauce et remuez bien. Servez la salade de moughrabieh avec le yaourt et l'harissa.

Salade de fromage de chèvre aux betteraves, lentilles et épinards

Les lentilles multiplient les avantages. Non seulement il est inutile de les faire tremper, mais leur cuisson est beaucoup plus rapide que celle des autres légumes secs. On peut les acheter en boîte, mais elles ont tendance à être un peu pâteuses.

Pour 4 personnes
20 minutes de préparation
40 minutes de cuisson

200 g de lentilles brunes
300 g de betteraves crues
100 g de pousses d'épinard
35 g de graines de citrouille
200 g de fromage de chèvre frais émietté
1 avocat coupé en morceaux
50 g de pousses de roquette

Pour l'assaisonnement
3 c. à s. d'huile d'olive vierge extra
1 c. à c. de moutarde de Dijon
1 c. à c. de miel liquide
2 c. à s. de jus de citron
1 gousse d'ail pilée

Mettez les lentilles dans une casserole, couvrez d'eau froide et portez à ébullition, puis baissez le feu et laissez mijoter 40 minutes. Ne prolongez pas la cuisson ou les lentilles tourneraient en bouillie. Égouttez soigneusement et laissez refroidir.

Faites cuire la betterave dans un grand volume d'eau, égouttez-la et laissez-la tiédir avant de la peler et de la couper en quartier. Mélangez les lentilles, la betterave, les pousses d'épinards et les graines de citrouille dans un récipient.

Préparez l'assaisonnement. Fouettez l'huile d'olive avec la moutarde de Dijon, le miel, le jus de citron et l'ail et nappez-en la salade.

Répartissez la salade dans les bols. Parsemez de fromage de chèvre émietté, d'avocat et terminez par quelques pousses de roquette. Servez aussitôt.

Halloumi au taboulé d'amarante et aux haricots

L'AMARANTE EST UNE PETITE GRAINE BLANCHE QUI ENTRE DANS LA PRÉPARATION DES SOUPES ET DES SALADES À L'INSTAR DE CETTE RECETTE. IL FAUDRA L'ÉGOUTTER SOIGNEUSEMENT CAR ELLE A TENDANCE À COLLER UNE FOIS CUITE. L'AMARANTE EST UNE CÉRÉALE À LA SAVEUR INTENSE, MAIS ELLE EST ASSEZ COÛTEUSE. VOUS PRÉFÉREREZ PEUT-ÊTRE DIVISER PAR DEUX LA QUANTITÉ UTILISÉE ICI ET REMPLACER CETTE MOITIÉ PAR DU BOULGOUR.

POUR 4 PERSONNES
25 MINUTES DE PRÉPARATION
40 MINUTES DE CUISSON

110 g d'amarante
200 g de haricots verts cuits à la vapeur
100 g de tomates cerises coupées en deux
400 g de haricots de Lima en boîte rincés et égouttés
2 c. à s. de câpres
100 g d'olives vertes dénoyautées coupées en deux
25 g de feuilles de menthe grossièrement ciselées
30 g de persil plat grossièrement ciselé
500 g de halloumi coupé en tranches épaisses

Pour l'assaisonnement
1 gousse d'ail pilée
1 c. à c. de moutarde de Dijon
2 c. à s. de jus de citron
2 c. à s. d'huile d'olive vierge extra

Faites tremper l'amarante 35 minutes dans 25 cl d'eau froide. Quand les grains ont gonflé, rincez-les sous l'eau du robinet et égouttez soigneusement.

Mélangez l'amarante avec les haricots verts, les tomates, les haricots de Lima, les câpres, les olives, le basilic et le persil dans un saladier.

Préparez l'assaisonnement. Mélangez la gousse d'ail avec la moutarde de Dijon, le jus de citron et l'huile d'olive. Nappez la salade de cette sauce et remuez bien le tout.

Faites dorer l'halloumi dans une poêle antiadhésive 3 minutes sur chaque face. Présentez l'halloumi à côté de la salade et servez aussitôt.

Pavés aux champignons et au kamut, aux amandes et aux noix de cajou

DE LA FAMILLE DU BLÉ DURUM, LE KAMUT ÉTAIT UNE CÉRÉALE TRÈS PRISÉE PAR LES ÉGYPTIENS DE L'ANTIQUITÉ. ELLE CONNAÎT AUJOURD'HUI UN REGAIN DE POPULARITÉ, NOTAMMENT AUPRÈS DES PERSONNES ALLERGIQUES AU BLÉ.

POUR 6 PERSONNES
20 MINUTES DE PRÉPARATION
45 MINUTES DE CUISSON

200 g de kamut
2 c. à s. d'huile d'olive
2 gousses d'ail pilées
500 g de champignons portobello émincés
200 g de noix de cajou grillées
200 g d'amandes blanchies
100 g de parmesan finement râpé
1 œuf légèrement battu
3 oignons nouveaux émincés
2 c. à s. de thym frais haché
80 g de chapelure de pain complet
200 g de grosses tomates cerises coupées en quatre
100 g de pousses de radis rouges et d'alfalfa
2 c. à c. de vinaigre de vin blanc
2 c. à s. d'huile d'olive vierge extra
beurre (pour le moule)

Préchauffez le four à 180 °C (th. 5-6). Graissez 6 moules à cake de 10 cm x 6 cm et chemisez-les de papier sulfurisé. Faites cuire le kamut 40 minutes dans un grand volume d'eau bouillante et égouttez-le.

Chauffez l'huile dans une poêle et faites revenir l'ail et les champignons 5 minutes jusqu'à ce que leur eau se soit évaporée et qu'ils soient bien dorés. Mettez les champignons à l'ail dans le bol du robot, ajoutez les noix de cajou et les amandes et hachez finement. Transférez ce mélange dans un grand récipient, ajoutez le kamut, le parmesan, l'œuf, les oignons nouveaux, le thym et la chapelure. Malaxez soigneusement le tout à la main. Tassez cette préparation dans les moules et enfournez 45 minutes.

Mélangez les tomates, les pousses de radis et d'alfalfa dans un saladier. Fouettez le vinaigre avec l'huile d'olive et nappez-en la salade. Servez les pavés en tranches recouvertes d'un peu de salade.

Feuilles de vigne farcies au millet et à la tomate

LE MILLET EST UNE CÉRÉALE ISSUE D'UNE PLANTE HERBACÉE DÉPOURVUE DE GLUTEN, QUE L'ON UTILISE BEAUCOUP EN AFRIQUE, EN ASIE ET EN RUSSIE. SES PETITES BILLES ABSORBANT UNE GRANDE QUANTITÉ DE LIQUIDE À LA CUISSON, IL FAUDRA SURVEILLER PLUSIEURS FOIS LE NIVEAU DE CELUI-CI ET EN AJOUTER AU BESOIN.

POUR 12 FEUILLES DE VIGNE
20 MINUTES DE PRÉPARATION
40 MINUTES DE CUISSON

50 cl de sauce tomate
95 g de millet
1 c. à s. d'huile d'olive
1 c. à c. de graines de fenouil
1 ou 2 c. à s. de raisins de Smyrne
25 g de tomates séchées finement hachées
2 c. à s. d'aneth ciselé
2 c. à s. de pignons grillés
12 feuilles de vigne de taille moyenne

Pour la sauce au yaourt

12,5 l de yaourt naturel à la grecque
1 c. à c. de zeste de citron finement râpé
1 c. à c. de jus de citron
1 c. à s. de menthe ciselée

Portez la sauce tomate à ébullition dans une casserole. Ajoutez le millet et laissez cuire 30 à 40 minutes. Égouttez et laissez refroidir.

Chauffez l'huile d'olive dans une poêle, faites-y dorer les graines de fenouil, puis ajoutez les raisins de Smyrne et poursuivez la cuisson jusqu'à ce qu'ils gonflent. Mélangez le millet, les raisins, les graines de fenouil, les tomates séchées, l'aneth et les pignons dans un grand récipient.

Étalez une feuille de vigne sur le plan de travail, déposez 1 c. à s. de cette préparation au centre de la feuille, repliez les côtés gauche et droit dessus, puis fermez la feuille en roulant les côtés opposés. Déposez la feuille de vigne sur le plat de service. Procédez de même avec les 11 feuilles restantes.

Préparez la sauce. Mélangez le yaourt, le zeste et le jus de citron ainsi que la menthe dans un bol. Servez les feuilles de vigne accompagnées de sauce.

Mini-cakes de millet au potiron

Le millet est une petite céréale qui s'adapte bien à toutes les recettes : salades, soupes, croquettes ou en accompagnement à la place du riz. Étant très gourmand en eau (5 volumes d'eau pour 1 de millet), on surveillera bien sa cuisson. De plus, il gonfle tellement que vous vous retrouverez avec plus qu'il n'en faut.

Pour 6 personnes
20 minutes de préparation
10 minutes de repos
1 heure 35 minutes de cuisson

80 g de millet
100 g de quinoa
700 g de potiron, pelé
400 g de haricots cannellinis en boîte, rincés et égouttés
1 c. à s. de tamarin
1 œuf légèrement battu
2 c. à s. de pousses de lentilles corail
1 c. à s. de graines de sésame, grillées
50 g de pousses variées
1 poivron rouge, détaillé en fines lanières
2 branches de céleri détaillées en fines lanières
beurre (pour le moule)

Pour la sauce
1 c. à s. de tahini (pâte de graines de sésame)
2 c. à s. de vinaigre de vin de riz
2 c. à s. de tamarin
1 c. à c. d'huile de sésame

Préchauffez le four à 200 °C (th. 6-7). Graissez les mini-moules (ou un grand moule de 20 cm de diamètre) et chemisez-les de papier sulfurisé. Faites griller à sec le quinoa et le millet à la poêle 5 minutes à feu moyen. Quand elles sont bien dorées, transférez-les dans une casserole, ajoutez 1 litre d'eau et laissez chauffer 40 minutes à feu moyen, jusqu'à l'absorption complète du liquide.

Coupez le potiron en tranches et enfournez 40 minutes. Réduisez le potiron en purée avec les haricots cannellinis. Transférez la purée dans un saladier avec les céréales, le tamarin, l'œuf, et les pousses de lentilles et mélangez bien le tout. Tassez cette préparation dans les moules, saupoudrez de graines de sésame et enfournez 40 minutes. Laissez reposer 10 minutes avant de démouler sur un plat de service. Mélangez les pousses variées, le poivron rouge et le céleri dans un saladier.

Préparez la sauce. Fouettez le tahini avec le vinaigre de vin de riz, le tamarin et l'huile de sésame et nappez la salade de cette sauce. Servez avec les cakes.

Les en-cas

Falafels

Je prépare ici les falafels avec des pois chiches secs et non des fèves. J'ai découvert cette recette il y a des années, quand je vivais en Israël, où l'on trouve des falafels à chaque coin de rue servis dans du pain pitta avec de l'houmous et de la salade. Aujourd'hui encore, les Égyptiens, qui sont à l'origine de cette recette, la préfère avec des fèves. Mon conseil : si la pâte a du mal à s'amalgamer, ajoutez quelques cuillerées à soupe de farine.

Pour 36 pièces
10 minutes de préparation
1 nuit de trempage
30 minutes de repos
5 minutes de cuisson

250 g de pois chiches secs
1 oignon rouge râpé
1 gousse d'ail pilée
15 g de persil plat ciselé
1 c. à c. de cumin moulu
1 c. à c. de coriandre moulue
¼ de c. à c. de levure chimique
huile de tournesol (pour la friture)

Faites tremper les pois chiches dans un grand volume d'eau froide une nuit entière. Égouttez-les et rincez-les soigneusement sous l'eau courante. Transférez les pois chiches dans le bol du robot et mixez jusqu'à l'obtention d'un mélange onctueux. Ajoutez l'oignon, l'ail, le persil, le cumin, la coriandre et la levure et mixez bien le tout, puis laissez reposer 30 minutes.

Formez des boulettes de la valeur d'une cuillerée à soupe de cette préparation et déposez-les sur la plaque du four chemisée de papier sulfurisé. Couvrez et réservez 30 minutes.

Chauffez l'huile dans une casserole profonde et faites-y frire les falafels 3 à 5 minutes. Procédez en plusieurs tournées pour des falafels bien dorés, croustillants et cuits à cœur. Réservez-les au chaud dans le four préchauffé à température moyenne au fur et à mesure de leur préparation.

Pois chiches à la mode cajun

Vos pois chiches seront beaucoup plus croustillants si vous les laissez tremper toute une nuit avant de les faire cuire. Quoi qu'il en soit, si je rince et égoutte soigneusement des pois chiches en boîte, j'obtiens un résultat assez ferme. Les pois chiches à la mode cajun s'intègrent délicieusement à un assortiment de tapas.

Pour 6 personnes en en-cas
10 minutes de préparation
5 minutes de cuisson

800 g de pois chiches en boîte
2 gousses d'ail pilées
2 c. à c. de cumin moulu
2 c. à c. de coriandre moulue
½ c. à c. de poudre de piment
2 c. à s. de paprika fumé
2 c. à s. de poivre blanc
2 c. à s. de thym séché
½ c. à c. d'origan sec
huile de tournesol (pour la poêle)

Rincez et égouttez les pois chiches et épongez-les sur du papier absorbant. Mettez l'ail, le cumin, la coriandre, le piment, le paprika, le poivre blanc, le thym et l'origan dans un grand récipient et mélangez soigneusement pour en enrober les pois chiches.

Faites chauffer l'huile dans une poêle et saisissez les pois chiches jusqu'à ce qu'ils soient dorés et croustillants. Égouttez-les sur du papier absorbant, et transférez-les dans un plat de service.

Houmous

Si vous ne voulez pas vous embêter à faire tremper et cuire les pois chiches, prévoyez 2 boîtes de 400 g. Dans ce cas, il faudra les rincer soigneusement et peut-être ajouter un peu d'eau dans le bol du robot pour obtenir une texture épaisse et veloutée. Attention, vérifiez que le tahini est à base de graines de sésame décortiquées. Très fort en goût, le tahini à base de graines non décortiquées prendrait le dessus sur les autres ingrédients.

Pour 400 g d'houmous
20 minutes de préparation
1 nuit de trempage
2 heures de cuisson

250 g de pois chiches secs
½ c. à c. de sel
1 c. à c. de cumin moulu
2 c. à s. de jus de citron
2 gousses d'ail
3 c. à s. de tahini à base de graines décortiquées
paprika

Faites tremper les pois chiches toute la nuit dans un grand volume d'eau froide. Rincez et égouttez.

Mettez les pois chiches dans une grande casserole d'eau et laissez cuire 2 heures à feu moyen. Le mélange doit être épais et dense. Ajoutez régulièrement de l'eau en cours de cuisson.

Transférez les pois chiches et leur eau dans le bol du robot avec le sel, le cumin, le jus de citron, l'ail et le tahini. Ajoutez 12,5 cl d'eau et mixez jusqu'à l'obtention d'une pâte épaisse et onctueuse. Servez l'houmous saupoudré de paprika.

Quesadillas aux haricots noirs

Attention : il ne faut pas confondre les haricots noirs Black Turtle avec les haricots noirs soya bean. Les Black Turtle se reconnaissent à leur peau mate et noire et à leur couleur blanc crème au milieu. Très présents dans toute l'Amérique latine et les Caraïbes, les Black Turtle salés ne conviennent pas à cette recette.

Pour 4 personnes
30 minutes de préparation
4 heures à une nuit de trempage
1 heure 15 minutes de cuisson

180 g de haricots noirs Black Turtle secs
1 oignon haché
1 poivron vert haché
1 feuille de laurier
3 c. à s. d'huile d'olive
2 gousses d'ail pilées
1 piment jalepeño épépiné et haché
100 g de pousses d'épinard
12 tortillas d'épeautre ou de blé
125 g de cheddar râpé

Faites tremper les haricots noirs dans un grand volume d'eau froide 4 heures ou une nuit entière. Égouttez-les et rincez-les.

Mettez les haricots, l'oignon, le poivron et la feuille de laurier dans une casserole, ajoutez 75 cl d'eau, portez à ébullition et laissez cuire 1 heure. Quand les haricots sont bien cuits, jetez le liquide et réduisez-les en une purée grossière.

Chauffez 1 c. à s. d'huile dans une poêle, ajoutez l'ail, le piment jalepeño et la purée, puis laissez cuire 3 minutes. Incorporez les pousses d'épinards et poursuivez la cuisson le temps qu'ils fondent.

Alignez les 6 tortillas sur le plan de travail et répartissez-y la préparation aux haricots sur une moitié en laissant 1 cm de chaque côté. Saupoudrez de cheddar et repliez l'autre moitié sur la garniture.

Faites chauffer le reste d'huile dans une grande poêle. Faites-y cuire les tortillas une par une pendant 3 minutes sur chaque face. Les tortillas doivent être dorées et croustillantes et le fromage fondant. Réservez les quesadillas au chaud dans le four préchauffé à 180 °C au fur et à mesure que vous les faites cuire.

Lentilles épicées et croûtons de fromage de chèvre

On pourra aussi servir cette préparation aux lentilles seule, en salade. On peut aussi préparer la salade à l'avance et garnir les croûtons juste avant de servir.

Pour 6 personnes
20 minutes de préparation
50 minutes de cuisson

50 g de lentilles du Puy
2 c. à s. d'huile d'olive
2 oignons émincés
1/4 c. à c. d'éclats de piment
1/4 c. à c. de cannelle moulue
1/4 c. à c. de cumin moulu
2 c. à c. de petites feuilles de menthe
1/2 baguette
200 g de fromage de chèvre en tranches
les pépins de 1/2 grenade

Dans une casserole, couvrez les lentilles d'eau froide et laissez cuire 30 minutes à feu moyen. Elles doivent être légèrement croquantes sous la dent. Rincez sous l'eau courante et égouttez.

Chauffez l'huile dans une poêle et laissez caraméliser les oignons 10 minutes à feu moyen. Ajoutez les lentilles égouttées, le piment, la cannelle et le cumin, et prolongez la cuisson 3 minutes de sorte qu'ils libèrent leurs arômes. Retirez la poêle du feu et incorporez les feuilles de menthe.

Découpez la baguette en tranches épaisses, garnissez-les d'une tranche de fromage de chèvre, de salade et de lentilles puis agrémentez de pépins de grenade.

Pop-corn au sel et au poivre

LE POP-CORN EST L'EN-CAS PAR EXCELLENCE AU CINÉMA. J'AI INVENTÉ CETTE RECETTE ALORS QUE J'ÉTAIS EN TRAIN DE BRICOLER DANS MA CUISINE UN APRÈS-MIDI ET QUE JE ME SUIS RENDU COMPTE QU'IL ME RESTAIT UN MÉLANGE DE SEL ET POIVRE ET UN GRAND SALADIER DE MAÏS. ET VOILÀ LE RÉSULTAT – JE PARIE QUE VOUS N'Y PLONGEREZ PAS LA MAIN QU'UNE SEULE FOIS.

POUR 6 PERSONNES
15 MINUTES DE PRÉPARATION
15 MINUTES DE CUISSON

1 ½ c. à s. de sel
1 ½ c. à s. de grains de poivre blanc
½ c. à s. de sucre en poudre
2 c. à s. d'huile d'olive
225 g de maïs spécial pop-corn
50 g de beurre fondu

Écrasez le sel, le poivre blanc et le sucre au pilon dans un mortier ou un moulin à épices et réduisez le tout en une fine poudre. Versez ce mélange dans un bol.

Faites chauffer l'huile dans une grande casserole à feu moyen. Ajoutez le maïs, couvrez et laissez cuire en secouant régulièrement la casserole quand les grains commencent à sauter pour qu'ils ne s'amalgament pas entre eux et n'attachent pas dans le fond.

Transférez le maïs soufflé dans un grand récipient, nappez-le de beurre fondu, saupoudrez-le du mélange d'épices et remuez bien pour en enrober le pop-corn de toutes parts.

Les desserts

Bûchettes de polenta au rhum et aux raisins secs

L'avantage de cette recette est de pouvoir la préparer à l'avance et la conserver au réfrigérateur, en attendant de la faire frire. De plus, vous pourrez varier les accompagnements. Personnellement, je la sers avec des fruits frais ou de la crème glacée. Un conseil : l'huile ne doit pas être trop chaude sinon la croûte noircirait avant que l'intérieur soit cuit.

Pour 4 personnes
30 minutes de préparation
2 heures de repos
1 heure de temps de prise

75 g de raisins secs
10 cl de rhum
100 g de polenta (grosse mouture)
1 œuf légèrement battu
2 c. à s. de pignons grillés, grossièrement concassés
2 c. à s. de sucre en poudre
½ c. à c. de cannelle
½ c. à c. de mélange d'épices (gingembre, noix de muscade et piment de la Jamaïque ou clou de girofle).
beurre (pour le moule)
huile de tournesol (pour la friture)
sucre glace

Pour servir
crème glacée

Dans un bol, couvrez les raisins secs du rhum et laissez-les gonfler 2 heures. Graissez un moule carré de 20 cm de côté et chemisez-le de papier sulfurisé.

Portez 75 cl d'eau à ébullition dans une grande casserole et incorporez la polenta en une pluie régulière tout en remuant. Laissez cuire à feu moyen en remuant régulièrement avec une cuillère en bois jusqu'à ce que la polenta se détache du bord de la casserole. Ôtez la casserole du feu, puis incorporez l'œuf, les pignons, le mélange rhum-raisins, le sucre, la cannelle et les épices. Étalez cette préparation dans le moule et laissez-la prendre pendant 1 heure.

Découpez la polenta en bûchettes de 3 cm d'épaisseur. Faites chauffer l'huile dans une poêle et plongez-les dans la friture en procédant en plusieurs fois. Laissez-les refroidir légèrement et saupoudrez-les de sucre glace. Servez-les avec de la crème glacée.

Timbales d'amandes, orge et ricotta aux agrumes

SI L'ORGE ENTRE SOUVENT DANS LA PRÉPARATION DES PLATS SALÉS, C'EST AUSSI UNE CÉRÉALE NOURRISSANTE DÉLICIEUSE DANS UNE VERSION SUCRÉE. POUR CETTE RECETTE, IL FAUDRA L'ÉGOUTTER SOIGNEUSEMENT OU LE DESSERT NE SE TIENDRAIT PAS. QUANT AU MOULE, CHOISISSEZ LE MODÈLE INDIVIDUEL QUI VOUS PLAÎT. J'AI OPTÉ ICI POUR DES MOULES À DARIOLE.

POUR 4 À 6 PERSONNES
15 MINUTES DE PRÉPARATION
40 MINUTES DE CUISSON

170 g d'orge perlé
300 g de ricotta allégée
50 g d'amandes effilées, grillées
½ c. à c. d'eau de fleur d'oranger
1 c. à s. de miel liquide
½ c. à c. d'extrait d'amande
2 pamplemousses roses en quartier
2 oranges en quartier
beurre (pour le moule)

Graissez légèrement 4 à 6 moules à dariole. Dans une casserole, couvrez l'orge d'eau froide et faites cuire 40 minutes. Égouttez-la soigneusement, et laissez-la refroidir légèrement.

Mettez la ricotta, les amandes, l'eau de fleur d'oranger, le miel et l'extrait d'amande dans un récipient et battez le tout jusqu'à l'obtention d'un mélange onctueux et homogène. Incorporez l'orge et mélangez à nouveau. Tassez cet appareil dans les moules, puis retournez-les et démoulez sur les assiettes de service.

Mélangez les quartiers d'oranges et de pamplemousses. Recouvrez les timbales de quartiers d'agrumes et nappez-les de leur jus s'il y en a.

Compote de quinoa aux abricots

LE QUINOA EST TRÈS APPRÉCIÉ EN AMÉRIQUE LATINE POUR SA TENEUR ÉLEVÉE EN PROTÉINES. JE L'AI DÉCOUVERT DANS UNE SOUPE TOUTE SIMPLE LORS D'UN SÉJOUR DANS UNE FAMILLE SUR LE LAC TITICACA. LE QUINOA EST CUIT QUAND SES PETITES QUEUES SE DÉTACHENT DU CORPS DES GRAINS.

POUR 4 PERSONNES
10 MINUTES DE PRÉPARATION
40 MINUTES DE CUISSON

250 g d'abricots secs coupés en dés
200 g de pommes séchées coupées en dés
75 cl de jus de pomme
1 bâton de cannelle
1 gousse de vanille fendue et grattée
95 g de quinoa

Pour servir
yaourt aromatisé à la vanille

Mettez les abricots, les pommes, le jus de pomme, la cannelle et les graines de vanille dans une casserole et portez à ébullition.

Ajoutez le quinoa et 37,5 cl d'eau et laissez mijoter 30 à 40 minutes. Le quinoa doit être translucide et de petites queues vont apparaître.

Servez la compote de quinoa chaude ou froide accompagnée de yaourt à la vanille.

Feuilletés japonais sucrés aux haricots adzuki

La pâte confectionnée avec des haricots adzuki utilisée dans cette recette a pour nom « an ». Très utilisée dans les bonbons, les gâteaux et les desserts japonais et chinois, on peut la préparer à l'avance et la conserver dans un récipient hermétique.

Pour 4 personnes (8 feuilletés)
20 minutes de préparation
50 minutes de cuisson

110 g de haricots adzuki
125 g de sucre en poudre
1 pincée de sel
4 rouleaux de pâte feuilletée étalée
1 jaune d'œuf
1 c. à s. de graines de sésame
farine (pour le plan de travail)

Pour servir
crème glacée

Préchauffez le four à 180 °C (th. 6) et chemisez la plaque du four de papier sulfurisé. Rincez les haricots sous l'eau froide et égouttez-les. Mettez-les dans une casserole avec 1,2 litre d'eau, portez à ébullition puis baissez le feu et laissez cuire 40 minutes à couvert.

Mixez les haricots égouttés dans le bol du robot jusqu'à l'obtention d'une pâte onctueuse. Transférez cette purée dans une casserole, ajoutez le sucre et le sel et laissez cuire à feu doux jusqu'à dissolution du sucre et épaississement de la pâte. Réservez et laissez refroidir.

Abaissez la pâte feuilletée sur un plan de travail légèrement fariné et découpez 16 disques de 10 cm de diamètre. Déposez 2 c. à c. bien pleines de la garniture au centre de huit disques et humectez-en les bords. Couvrez soigneusement avec les disques restants et scellez les bords en pressant avec les doigts. Dorez les disques supérieurs au jaune d'œuf et saupoudrez de graines de sésame. Alignez les feuilletés sur la plaque chemisée et enfournez 20 minutes pour une pâte bien dorée et levée.

Servez les feuilletés chauds accompagnés de crème glacée.

Gâteaux de semoule aux dattes

Ces gâteaux que l'on peut confectionner avec de la semoule de blé ou de la farine de maïs doivent être servis dès la sortie du four, car la semoule à tendance à durcir si on la laisse reposer. On peut aussi les préparer à l'avance en les laissant dans le plat, auquel cas on les réchauffera dans le four à micro-ondes ou au bain-marie.

Pour 6 personnes
15 minutes de préparation
45 minutes de cuisson

17 cl de sirop de maïs
185 g de dattes fraîches dénoyautées et émincées
1 litre de lait
80 g de sucre en poudre
40 g de beurre fondu
110 g de semoule (grain épais)
12,5 cl de crème fraîche allégée
beurre (pour le moule)

Pour servir
crème fleurette

Préchauffez le four à 160 °C (th. 4-5). Graissez légèrement 6 ramequins de 25 cl allant au four.

Mettez le sirop de maïs et les dattes dans une casserole et laissez frémir 5 minutes. Répartissez les dattes moelleuses et le sirop dans les moules.

Dans une autre casserole, faites chauffer le lait, le sucre et le beurre à feu moyen. Aux premiers frémissements, incorporez la semoule et laissez cuire 15 minutes, en remuant constamment, jusqu'à ce qu'elle soit épaisse et crémeuse. Retirez la casserole du feu et incorporez la crème.

Répartissez cette préparation dans les moules et lissez la surface. Enfournez 25 minutes. Démoulez les gâteaux de semoule sur assiette et servez-les accompagnés de crème fleurette.

Pudding de riz noir aux haricots adzuki et à la mangue

Très appréciés par les Japonais et les Chinois, on dit que les haricots adzuki calment les envies de sucre et que, de tous les haricots, ce sont les plus digestes.

Pour 4 personnes
15 minutes de préparation
1 nuit de trempage
50 minutes de cuisson

190 g de riz noir gluant
50 g de haricots adzuki
25 cl de lait de coco
55 g de sucre de palme râpé ou de sucre roux
3 c. à s. de crème de coco
mangues fraîches coupées en tranches

Mettez le riz dans un grand récipient, couvrez d'eau, laissez tremper 8 heures et égouttez. Procédez de même pour les haricots. Transférez ensuite les haricots dans une casserole, couvrez d'eau froide et laissez bouillir 40 minutes.

Pendant ce temps, mettez le riz égoutté dans une casserole avec 1 l d'eau, portez à ébullition, puis réduisez le feu et laissez mijoter 20 minutes. Égouttez soigneusement.

Versez le lait de coco et le sucre de palme dans une autre casserole et faites cuire à feu doux jusqu'à dissolution du sucre. Ajoutez les haricots et le riz et poursuivez la cuisson 10 minutes à feu moyen. Servez ce pudding nappé de crème de coco et garni de tranches de mangues.

Gâteau de polenta aux amandes

J'AI TOUJOURS EU L'IDÉE QUE LES GÂTEAUX À BASE DE POLENTA ÉTAIENT UN PEU GRANULEUX. JE LES TROUVE PARFOIS UN PEU SECS, C'EST POURQUOI J'AI CHOISI DE GARNIR CELUI-CI DE MASCARPONE ET DE FRAISES. POUR UNE VERSION ALLÉGÉE, ON POURRA NAPPER LE GÂTEAU D'UN COULIS DE FRUITS MAISON ET LE SERVIR AVEC DU YAOURT NATURE.

POUR 8 PERSONNES
25 MINUTES DE PRÉPARATION
50 MINUTES DE CUISSON

85 g de polenta (fine mouture)
100 g de farine avec levure incorporée
50 g d'amandes en poudre
1 c. à c. de zeste de citron râpé
¼ de c. à c. de levure chimique
125 g de sucre en poudre
3 œufs légèrement battus
3 c. à s. d'huile d'olive vierge extra
4 c. à s. de confiture de citron vert
200 g de mascarpone
200 g de fraises coupées en morceaux
beurre (pour le moule)
sucre glace (facultatif)

Préchauffez le four à 200 °C (th. 6-7). Graissez un moule carré de 18 cm de côté et chemisez-le de papier sulfurisé.

Mettez la polenta, la farine, les amandes, le zeste de citron, la levure chimique et le sucre dans un saladier et mélangez bien le tout. Battez les œufs avec l'huile et 3 c. à s. de confiture de citron vert, puis incorporez le mélange à base de polenta.

Transférez la préparation dans le moule, enfournez et laissez cuire 10 minutes, puis abaissez la température du four à 180 °C (th. 6) et poursuivez la cuisson 15 minutes.

Pendant ce temps, mélangez le mascarpone et 1 c. à s. de citron vert.

Laissez le gâteau refroidir sur une grille avant de l'ouvrir en deux dans l'épaisseur. Étalez la préparation à base de mascarpone sur un disque, répartissez les fraises dessus et couvrez du second disque en pressant légèrement pour reformer le gâteau. Saupoudrez de sucre glace, si vous aimez.

Crème brûlée de tapioca à la noix de coco

Voici l'un de mes dim sum sucrés favoris. On peut enrichir sa saveur d'un zeste d'orange râpé ou d'une cuillerée à café d'eau de fleur d'oranger. Vous pouvez remplacer le tapioca par du sago.

Pour 4 personnes
15 minutes de préparation
4 heures de temps de prise
40 minutes de cuisson

90 g de tapioca
50 cl de lait de coco
115 g de sucre roux en poudre
60 g de sucre cristallisé

Mettez le tapioca, le lait de coco, 75 cl d'eau et le sucre roux dans une casserole, portez à ébullition, puis baissez le feu et laissez frémir 40 minutes. Les perles de tapioca doivent être translucides. Attention, il vous faudra peut-être ajouter de l'eau en cours de cuisson.

Répartissez le tapioca dans 4 ramequins allant au four, couvrez de film alimentaire et laissez refroidir 4 heures, le temps que la crème prenne.

Préchauffez le gril du four. Saupoudrez les crèmes de sucre cristallisé et passez-les 3 à 5 minutes sous le gril, de sorte que le sucre caramélise. Servez aussitôt.

Crème de sago à la noix de coco et à la mangue

Les graines de sago sont de petites perles riches en amidon issues du palmier sago. Vendues sous différents calibres, leur temps de cuisson variera selon leur taille. Le sago est interchangeable avec le tapioca.

Pour 4 personnes
30 minutes de préparation
4 heures de temps de prise
30 minutes de cuisson

100 g de sago
50 cl de compote de mangue
1 à 2 sachets de thé vert
1 zeste de citron vert
1 gousse de vanille coupée en deux dans la longueur
2 c. à s. de sucre de palme râpé ou de sucre roux en poudre
12,5 cl de crème de coco
1 c. à c. de gélatine en poudre

Pour servir
tranches de mangue fraîche (facultatif)

Mettez le sago, la compote de mangue, les sachets de thé vert, le zeste de citron vert, la gousse de vanille, le sucre de palme et 25 cl d'eau dans une casserole et faites cuire à feu doux sans cesser de remuer. Quand le sucre est dissous, portez à ébullition, puis réduisez le feu et poursuivez la cuisson 15 à 20 minutes à feu moyen, toujours en remuant, de sorte que le sago soit translucide. Enlevez les sachets de thé et jetez-les.

Répartissez le sago dans 4 coupes. Mettez la crème de coco et la gélatine dans une casserole et laissez cuire 5 minutes à feu moyen, en remuant jusqu'à dissolution de la gélatine. Versez cette préparation à la noix de coco sur le sago. Laissez prendre et refroidir 4 heures au réfrigérateur. Servez agrémenté de tranches de mangues fraîches si vous aimez.

Biscuit de semoule au miel

Voici un grand classique des desserts grecs. La semoule est issue du broyage de l'endosperme du blé durum. C'est une farine qui entre traditionnellement dans la préparation des gnocchi et des pâtes sèches en Italie.

Pour 12 personnes
40 minutes de préparation
50 minutes de cuisson

125 g de beurre ramolli
125 g de sucre en poudre
1 c. à c. d'extrait de vanille
1 c. à c. d'eau de fleur d'oranger
2 œufs légèrement battus
400 g de semoule (grains fins)
1 c. à c. de levure chimique
½ c. à c. de bicarbonate de soude
175 g de yaourt nature
50 g de pignons grillés

Pour le sirop
18,5 cl de miel liquide
375 g de sucre en poudre
2 c. à s. de jus de citron

Pour servir
crème fraîche épaisse ou yaourt (facultatif)

Préchauffez le four à 180 °C (th. 5-6). Graissez un moule peu profond de 20 cm x 30 cm et chemisez-le de papier sulfurisé.

Battez le beurre et le sucre jusqu'à l'obtention d'une texture légère et mousseuse. Ajoutez l'extrait de vanille, l'eau de fleur d'oranger et les œufs. Battez bien le tout. Tamisez la semoule, la levure et le bicarbonate et incorporez tous ces ingrédients à la préparation précédente. Ajoutez le yaourt. Versez le mélange dans le moule et répartissez les pignons grillés dessus en pressant légèrement. Enfournez et laissez cuire 30 à 35 minutes. La pointe d'une brochette piquée au centre du biscuit doit en ressortir sèche.

Pendant la cuisson, préparez le sirop. Mélangez le miel, le sucre, 4 cl d'eau et le jus de citron dans une casserole. Faites cuire à feu doux en remuant jusqu'à dissolution du sucre. Nappez le biscuit de ce sirop et laissez-le refroidir dans le moule.

On sert généralement ce biscuit découpé en losanges, accompagné de crème fraîche ou de yaourt.

Faire germer des graines

Utilisez des grands bocaux que vous recouvrirez d'une double épaisseur de mousseline, d'un film alimentaire ou d'une grille en acier inoxydable que vous maintiendrez par un élastique.

Faites tremper les graines quelques heures (voir tableau ci-dessius). Comptez 3 volumes d'eau pour 1 volume de graines. Après cette phase de prégermination, rincez et égouttez les graines, déposez-les dans le bocal ou le germoir et laissez-les reposer une nuit. Le lendemain, rincez-les à l'eau froide et égouttez-les soigneusement. Les germoirs à étage sont munis de plateaux de récupération d'eau qu'il ne faudra pas oublier de vider. Rincez et videz l'eau de rinçage deux fois par jour jusqu'à la germination. Attention : ne surchargez pas les bocaux ou les plateaux, sous peine de voir les graines moisir. Maintenez les bocaux inclinés, ouverture en bas, pour permettre un meilleur écoulement de l'eau car des graines humides et en paquets ne germeraient pas.

L'idéal est de cultiver les graines dans un endroit

Céréales	Trempage	Germination
Pousses d'alfalfa	6 heures	6 à 8 jours
Pousses de radis	6 heures	4 à 5 jours
Pousses de lentilles	8 heures	6 à 8 jours
Pousses de fenugrec	8 heures	6 à 8 jours
Germes de haricots mungo	8 heures	3 à 5 jours
Blé ou son	12 heures	3 à 5 jours
Germes de haricots adzuki	12 heures	3-5 jours
Germes de pois chiches	12 heures	3-5 jours
Pousses de roquette	8 heures	6 à 8 jours
Mélange	12 heures	3 à 5 jours

chaud, de préférence entre 18 et 22 °C. Les graines germent plus vite dans une atmosphère chaude dans la mesure où elles dégagent de la chaleur en poussant. Cependant, plus elles seront exposées à la lumière, plus elles mettront du temps à germer. Les germes et les pousses qui ne deviennent pas verts sont aussi nutritifs que les autres simplement, ils ne contiennent pas de chlorophylle.

En les conservant dans un sac plastique hermétique ou un bocal en verre, ces germes et pousses tiendront 2 à 3 jours.

Bien cuire les légumineuses

Leur temps de cuisson est fonction selon leur âge. En les faisant tremper une nuit, vous le diminuerez. Il faudra alors les rincer avant le trempage. Si le temps vous manque, couvrez d'eau froide, portez à ébullition et laissez cuire 2 minutes. Laissez refroidir dans l'eau au moins 1 heure. Égouttez, puis remettez dans la casserole, couvrez à nouveau d'eau froide et laissez cuire.

Légumineuses	Trempage	Cuisson	Utilisations
Adzuki	une nuit	45 minutes à 1 heure	soupes, ragoûts, germinations
Haricots noirs	une nuit	1 heure	soupes, ragoûts, fritures
Cornilles	une nuit	1 heure à 1 heure 30	cassolettes, salades, soupes
Borlotti	une nuit	1 heure à 1 heure 30	soupes, salades, pâtes
Fèves	une nuit	1 heure à 1 heure 30	falafels, salades, ragoûts, soupes
Haricots de Lima	une nuit	45 minutes à 1 heure	purées, salades, plats italiens
Pois chiches	une nuit	1 heure 30 à 2 heures	falafels, houmous, salades, soupes
Flageolets	une nuit	1 heure 30	salades, casseroles, soupes
Cannellini	une nuit	1 heure 30	pâtisseries, cassoulets, soupes
Lentilles	inutile	25 à 45 minutes	salades, dals, pâtés, germinations
Mungo	inutile	45 minutes à 1 heure	soupes, salades, germinations
Pois cassés	une nuit	1 heure à 1 heure 30	cassolettes, fritures
Haricots rouges	une nuit	1 heure à 1 heure 30	chilis, salades, plats mexicains
Haricots de soja	une nuit	2 à 3 heures	beignets, salades, germinations

table des recettes

DES IDÉES TOUTES SIMPLES AVEC…	**16**
Les germes de haricots adzuki	
Tofu à la vapeur aux germes de haricots adzuki, au gingembre et aux échalotes	18
Potiron grillé et salade de germes de haricots adzuki	18
Salade de nouilles soba au gingembre	18
Amandes et germes de haricots adzuki épicés	18
Les pousses d'alfalfa	
Rouleaux aux pousses d'alfalfa et œufs mayo	19
Rondeaux de chèvre aux pousses d'alfalfa et noix au miel	19
Dip à l'avocat et aux pousses d'alfalfa	19
Salade aux amandes et graines variées	19
Les pousses de betteraves	
Feuilletés poivrés au cheddar et aux pousses de betteraves	20
Coleslaw de pousses de betteraves aux pommes	20
Pousses de betteraves aux œufs de caille	20
Salade de pousses de betteraves au bleu et au pamplemousse	20
Les germes de soja	
Salade de nouilles soba aux germes de soja	21
Germes de soja à l'ail et au parmesan	21
Julienne de carottes, de concombres et de germes de soja marinés	21
Omelette chinoise aux germes de soja et à la sauce d'huître	21
Les pousses de roquette	
Salade de pousses de roquette au parmesan	22
Nectarines aux pousses de roquette et à la féta	22
Bagels au saumon et aux pousses de roquette	22
Halloumi au citron et aux pousses de roquette	22
Les pousses de poireaux	
Sandwiches à la saucisse et aux pousses de poireaux	23
Röstis de pommes de terre et pousses de poireaux	23
Émincé de fenouil, pecorino et radis aux pousses de poireaux	23
Purée onctueuse de pommes de terre et pousses de poireaux	23
Les pousses de moutarde	
Salade de pousses de moutarde aux framboises et jambon de Parme	24
Rouleaux de saumon fumé à la crème fraîche et aux pousses de moutarde	24
Barquettes d'avocat aux pousses de moutarde	24
Rosbif sur toasts aux pousses de moutarde	24
Les pousses de radis rouges	
Croûtons au cheddar et à la moutarde aux pousses de radis rouge	25
Salade de pousses de radis à l'orange et au raisin	25
Mesclun à la sauce gorgonzola	25
Makis au potiron grillé et aux pousses de radis rouges	25
Les pousses de lentilles corail	
Beignets de pousses de lentilles corail	26
Dip de carottes et pousses de lentilles corail	26
Purée de panais aux pousses de lentilles corail	26
Riz aux oignons et aux pousses de lentilles corail	26
Les germes de pois chiches	
Méli-mélo de graines et de germes de pois chiches au curry	27
Germes de pois chiches au paprika fumé et au salsa de tomates	27
Sauté d'épinards à l'ail aux germes de pois chiches	27
Pâte à tartiner aux germes de pois chiches et aux noix de cajou	27
Les pousses de fenugrec	
Salade de crabe au piment et à la noix de coco	28
Salade de pousses de fenugrec au piment doux et au melon	28
Salade chaude aux pois chiches, à la tomate et au cumin	28
Œufs brouillés aux pousses de fenugrec et au saumon fumé	28
Les germes variés	
Salade de carottes et de raisins de Smyrne aux germes variés	29
Chaussons aux germes variés à la ricotta	29
Miso aux germes variés	29
Rouleaux de poulet tandoori aux germes variés	29
PETIT-DÉJEUNER & BRUNCH	**30**
Taboulé de grenade et de pêche	32
Pearl drink à la pastèque	35
Porridge de figues à la cardamome	36
Pavés de gruaux de maïs au poisson fumé, aux câpres et aux épinards	37
Granola crunchy à la cannelle	40
Couscous aux fruits rouges et à la crème fraîche	43
Haricots à l'espagnol au chorizo	43

Crème de blé et rhubarbe pochée	47
Céréales soufflées	48
Pain aux céréales	51

LES PLATS **52**

Steaks de lentilles et salade de pommes et de fenouil	54
Salade de fèves à la pancetta	57
Soupe de quinoa	57
Pavé de couscous aux légumes	60
Risotto à la feta, au potiron et à l'orge	63
Uppama	65
Salade de pois chiches au canard et aux olives	65
Salade de légumes grillés et d'orge perlé	69
Steaks de poivron rouge, de blé noir et de cannellini	70
Cassolette de champignons en purée de polenta	73
Salade de gingembre et riz complet au poulet	74
Salade de haricots mélangés et de tomates grillées	76
Chorizo aux lentilles vertes du Puy	76
Soupe de pois cassés au jambonneau	80
Pain aux lentilles et aux noix de cajou	83
Salade de pousses variées au riz et aux crevettes	83
Boulettes de riz à la ciboulette	86
Salade de pousses de tournesol et de haricots mungo aux graines de sésame	86
Pavé de ricotta aux épinards et aux lentilles corail	90
Soupe de haricots noirs aux œufs durs et au jambon	92
Croquettes de pois chiches et jambon cru	94
Croquettes de boulgour au miel	95
Dal aux lentilles corail	98
Salade de fèves au riz rouge et au saumon	100
Salade de moughrabieh	104
Salade de fromage de chèvre aux betteraves, lentilles et épinards	106
Halloumi au taboulé d'amarante et aux haricots	109
Pavés aux champignons et au kamut, aux amandes et aux noix de cajou	110
Feuilles de vigne farcies au millet et à la tomate	110
Mini-cakes de millet au potiron	114

LES EN-CAS 116

Falafels	118
Pois chiches à la mode cajun	123
Houmous	124
Quesadillas aux haricots noirs	127
Lentilles épicées et croûtons de fromage de chèvre	128
Pop-corn au sel et au poivre	131

LES DESSERTS **132**

Bûchettes de polenta au rhum et aux raisins secs	134
Timbales d'amandes, orge et ricotta aux agrumes	136
Compote de quinoa aux abricots	137
Feuilletés japonais sucrés aux haricots adzuki	140
Gâteaux de semoule aux dattes	143
Pudding de riz noir aux haricots adzuki et à la mangue	144
Gâteau de polenta aux amandes	148
Crème brûlée de tapioca à la noix de coco	150
Crème de sago à la noix de coco et à la mangue	150
Biscuit de semoule au miel	155

© Marabout, 2006

ISBN : 2501048881
NUART : 40.9821.6/01
DL : 75141-septembre 2006
Imprimé en Espagne par Graficas Estella